SAVOIR **INNOVER**
EN **ÉQUIPE**

2e édition

Catalogage avant publication de Bibliothèque et Archives nationales du Québec et Bibliothèque et Archives Canada

Beaulieu, Sébastien, 1976-
Savoir innover en équipe : un guide pour développer votre organisation par la collaboration générative
2e édition.
(Coach)
Comprend des références bibliographiques.
1. Équipes de travail. 2. Leadership. 3. Communication dans les organisations. 4. Gestion - Innovations. 5. Qualité de la vie au travail. I. Malo, Luc-Antoine, 1964- . II. Titre. III. Collection : Coach (Montréal, Québec).
HD66.B42 2016   658.4'022C2016-941118-4

Dépôts légaux
Bibliothèque nationale du Québec
Bibliothèque nationale du Canada
Imprimé au Canada

Diffusion en Amérique :
La boîte de diffusion
288, boulevard Sainte-Rose
Laval (Québec) H7L 1M3
Canada
450-433-4045

Distribution en Amérique :
Prologue
1650, boulevard Lionel-Bertrand
Boisbriand (Québec) J7H 1N7
Canada
450-434-0306

Distribution des versions numériques :
De Marque. L'entrepôt numérique
400, boulevard Jean-Lesage, bureau 540
Québec (Québec) G1K 8W1

Révision : Pierre Corbeil
Conception graphique et mise en pages : Évelyne Deshaies
Photographies : Pierre Tison (S. Beaulieu) et Gilles Brunet (L.-A. Malo)

© Isabelle Quentin éditeur, 2016
http://iqe.qc.ca

ISBN : 978-2-924200-25-4   1 2 3 4 5 20 19 18 17 16

SÉBASTIEN **BEAULIEU**
LUC-ANTOINE **MALO**

SAVOIR **INNOVER** EN **ÉQUIPE**

**UN GUIDE POUR DÉVELOPPER
VOTRE ORGANISATION PAR
LA COLLABORATION GÉNÉRATIVE**

Isabelle
QUENTIN   Q   Maître
ÉDITEUR

La collection « Coach » réunit pour vous les coachs-vedettes de chaque discipline. Dans un langage concret et intime, ces coachs vous proposent nombre de cas, d'exercices et d'anecdotes, et ils partagent avec vous leurs approches maintes fois éprouvées ainsi que les techniques qui en découlent. Leur objectif : vous transmettre le meilleur d'eux-mêmes afin de vous permettre de mieux vous coacher vous-même.

Table des matières

Les processus dits « génératifs » se définissent comme ceux qui favorisent l'évolution et la croissance en permettant à un système de progresser plus efficacement vers l'avenir. La collaboration générative tient à la capacité d'un groupe d'individus à travailler ensemble pour créer quelque chose de nouveau et de surprenant, au-delà de ce qu'aurait pu concevoir l'un ou l'autre des membres du groupe. Grâce à la collaboration générative, les organisations peuvent exploiter pleinement les capacités de chaque individu tandis que les membres d'une équipe donnée découvrent eux-mêmes des ressources dont ils ne soupçonnaient pas l'existence en partageant leurs idées et leurs réalisations. Le rendement, ou les résultats du groupe pris dans son ensemble s'en trouvent ainsi accrus au-delà de ce que les individus pourraient accomplir s'ils travaillaient chacun de leur côté.

Six cents personnes travaillant ensemble dans un cadre de collaboration conventionnelle ne sauraient surpasser vingt personnes œuvrant de concert dans un contexte de collaboration générative. Il est indéniable qu'une organisation qui se dote d'un processus de collaboration générative durable en tire un avantage concurrentiel de taille, l'innovation jouant plus que jamais un rôle clé dans la survie d'une entreprise. Une organisation qui pratique la collaboration générative se positionne en effet beaucoup mieux quant à l'avenir, car elle sait s'adapter aux changements et profiter des occasions qui se présentent de façon aussi spontanée qu'inattendue, au fur et à mesure qu'elle se développe.

Le livre que vous avez entre les mains présente de nombreux et précieux outils et stratégies à même de vous aider à mobiliser les ressources des membres de votre équipe tout en révélant et en renforçant leurs capacités latentes. Même si votre organisation est déjà efficace, ces techniques contribueront à rehausser son rendement en inspirant chaque individu à réaliser son potentiel créatif dans toute la mesure du possible.

Puisse la collaboration générative transformer votre milieu de travail et en faire un élément d'un monde auquel les gens souhaitent appartenir.

ROBERT DILTS

Le véritable développement organisationnel passe invariablement par le développement humain.

Cher lecteur, bonjour !
Durant votre lecture, vous serez
guidé par deux coachs professionnels :
nous ! Installez-vous confortablement et
allez-y à votre rythme. Nous nous
ajusterons.

Que vous soyez enseignant, forma-
teur, consultant, coach, gestionnaire,
psychologue organisationnel, parent ou
simplement curieux, nous devons
d'abord vous dire que ce livre n'aurait
jamais dû être écrit ! Quand nous avons
décidé de le faire, il nous est tout de
suite apparu contradictoire de traiter
sur papier de concepts qui ne peuvent
concrètement prendre forme que dans
les relations vivantes entre les gens.

La collaboration générative, qui est au
cœur de cet ouvrage, se vit en relation. Il
n'y a pas de formule toute faite et univer-
selle pour la susciter dans un groupe.
Toutefois, la collection « Coach » se prête
bien au jeu que nous désirons vivre avec
vous. Faites semblant que vous ne tenez
pas un livre entre les mains, mais que
vous êtes en présence de deux coachs et
que nous allons tous trois discuter au fil
des prochaines pages. D'accord ?

Non seulement il n'existe pas de
recette pour favoriser la collaboration
générative, mais il est particulièrement

difficile de la définir en peu de mots.
Néanmoins, au cours des 40 dernières
années, un nouveau paradigme a pris
forme en développement organisationnel, selon lequel la collaboration
générative serait le seul moteur de développement de toute organisation qui
cherche à innover de façon durable. Ce
paradigme, dit « appréciatif », remet en
cause la vision classique des interventions de changement en développement
organisationnel.

Ce livre présente plusieurs approches
appréciatives allant au-delà des notions
conventionnelles de lien de cause à effet
de manière à promouvoir la création de
l'état désiré à partir des ressources déjà
présentes dans une perspective systémique. Il faut ici entendre « appréciatif »
comme signifiant « apprécier ce qui fonctionne déjà et miser sur les ressources
existantes pour réaliser ensemble la
vision de l'équipe ». Quant à la perspective systémique, elle met l'accent sur les
relations et les interactions entre les
composantes d'une organisation ou
d'une équipe. Multidimensionnelle et globale, elle permet d'aborder des sujets
complexes, alors que l'approche analy-
tique tend à découper le tout en parties
indépendantes.

■ LE DÉVELOPPEMENT ORGANISATIONNEL (DO)

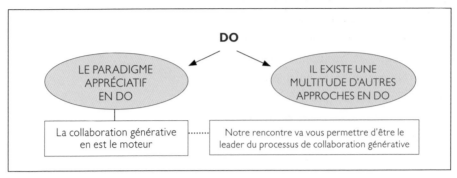

Il est aussi question de leadership dans cet ouvrage. Du type de leadership qui favorise l'innovation. La plupart des personnes en position d'autorité dans nos organisations ont développé une compréhension du leadership qui, dans les faits, va à l'encontre de l'innovation. Elles croient que leur travail consiste à énoncer une stratégie, une vision, une grande idée, pour ensuite mobiliser les gens à la concrétiser. Tout à l'inverse, le leadership qui encourage la collaboration générative et permet d'innover en équipe crée un contexte où parfois, personne ne sait exactement à l'avance quel sera le résultat, pas même le meneur de jeu! Et c'est précisément du type de leadership attendu dans ce contexte dont nous traiterons dans ces pages.

QU'EST-CE DONC QUE LA COLLABORATION GÉNÉRATIVE (CG)?

La notion de collaboration générative a été développée par Robert Dilts. Elle est la résultante d'une combinaison entre la cocréation et la communication en équipe.

Par « cocréation », nous entendons « faire naître de nouvelles possibilités grâce à des interactions visant à mettre consciemment à profit le meilleur des autres collaborateurs ». Nous entretenons la croyance que toutes les ressources nécessaires sont dans les personnes, et qu'elles sont activées et décuplées grâce au dialogue appréciatif.

Par « communication », nous entendons la capacité de dialoguer de façon à s'ajuster à la vision du monde de l'autre. Comme nous le savons, « la carte n'est pas le territoire ». La communication favorisée par la collaboration générative vise à harmoniser la carte des uns à celle des autres, et à éviter le piège stérile de la recherche de problèmes ou de coupables.

Avant de définir plus spécifiquement ce qu'est la collaboration générative, nous examinerons ensemble, dans la première partie de l'ouvrage, les ingrédients de base du travail d'équipe. Il s'agira alors de mettre en lumière les éléments incontournables de cette approche.

Dans la deuxième partie, nous aborderons le rôle du leader du processus de

CG. Nous verrons comment il utilise son autorité, comment il favorise des interrelations saines et fortes dans son équipe, et comment il se positionne face aux autres. Nous prendrons aussi le temps de considérer des cas plus difficiles et de déterminer ce qu'il faut faire quand « ça ne fonctionne pas ».

Finalement, la troisième partie se veut pragmatique et a pour but de vous donner des outils pour vous aider à tirer profit des apprentissages issus de notre rencontre. Vous serez à même de vérifier par vous-même le bien-fondé de ce à quoi nous vous convions: embrasser le paradigme appréciatif du développement organisationnel par le développement humain, et ce, en utilisant les multiples questions qui vous seront offertes pour piloter sur le terrain le processus de CG.

Si vous avez des questions qui vous brûlent toujours les lèvres après votre lecture ou si vous avez des commentaires à partager, écrivez-nous. Vous trouverez nos coordonnées à la fin du livre et c'est avec plaisir que nous échangerons avec vous.

Bonne lecture !

TRAVAILLER EN **ÉQUIPE**

Dans la première partie de ce livre, nous allons « mettre la table » ensemble. Nous définirons d'abord les fondements du travail en équipe, les éléments incontournables à mettre en place pour permettre la collaboration générative entre les individus.

Une fois établie l'importance fondamentale du travail d'équipe, nous examinerons les conditions dans lesquelles il peut présenter une réelle valeur ajoutée. Nous déterminerons plus précisément les trois conditions essentielles à respecter pour innover en équipe.

Nous verrons enfin que l'apprentissage en équipe est un des principaux mécanismes du processus de CG. Après avoir cerné la façon dont les humains apprennent et la façon dont ils partagent l'information, nous verrons comment stimuler les possibilités d'apprentissage dans une équipe.

AVANT TOUT, QU'EST-CE QU'UN PROCESSUS ?

Tout au long de notre rencontre, nous ferons référence au leader du processus de collaboration générative. Qu'est-ce donc qu'un processus ?

C'est une suite d'opérations aboutissant à un résultat. Selon Robbins et DeCenzo (2007), jusqu'à récemment, la métaphore dominante pour décrire le processus de changement et de développement organisationnel était celle de « l'océan calme », illustrée ici par le modèle du changement en trois temps de Kurt Lewin.

Selon Lewin, les changements et les développements au sein d'une organisation se font tout d'abord en « décristallisant » le statu quo. Débuterait alors une période de transition suivie d'une recristallisation visant à rendre le changement stable et permanent.

■ LE MODÈLE DU CHANGEMENT DE KURT LEWIN

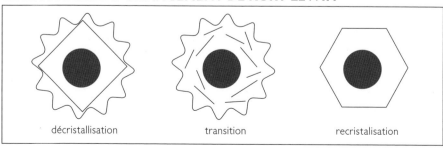

décristallisation   transition   recristalisation

Toujours selon Robbins et DeCenzo (2007), bien que la métaphore de l'océan calme ait pu s'appliquer aux environnements relativement peu tourmentés dans lesquels la majorité des organisations évoluaient dans les années 1960, 1970 et 1980, ce modèle reflète de moins en moins la réalité des océans sur lesquels les gestionnaires doivent aujourd'hui naviguer.

UN PROCESSUS À L'IMAGE D'UNE DESCENTE DE RAPIDES

La métaphore du rafting semble plus appropriée pour illustrer le processus de DO dans l'environnement actuel, dynamique et incertain. Dans les faits, la stabilité associée à un océan calme n'existe pas. Les décristallisations, les transitions et les recristallisations ne se succèdent pas de façon séquentielle et cyclique : les organisations d'aujourd'hui ne sortent même plus des rapides! Il n'y a plus de longues pauses sur les berges!

Dans un contexte où les individus jouent constamment à un nouveau jeu dont ils ne connaissent pas les règles et où celles-ci changent au fur et à mesure que le jeu progresse, la clé réside dans la création et le maintien d'un processus durable de collaboration générative. Le nouveau jeu consiste à « se réinventer et innover ».

L'innovation dont nous parlons se définit tout simplement comme un processus de résolution de problèmes permettant de créer quelque chose de neuf et utile. Les gens créent du neuf tous les jours, ce n'est pas un exploit. Les gens produisent tous les jours des tas de trucs utiles dans toutes les organisations, soit. Mais ce n'est pas tous les jours qu'on voit apparaître quelque chose de réellement neuf et utile, et dans certains milieux, c'est carrément l'exception. Qu'est-ce donc qui différencie les organisations où l'innovation est la norme ?

> **« Quand les changements surviennent, ceux qui apprennent s'adaptent, alors que ceux qui savent déjà se retrouvent admirablement équipés pour faire face à un monde qui n'existe déjà plus. »**
>
> ERIC HOFFER

LE PROCESSUS DE COLLABORATION GÉNÉRATIVE

Le processus de collaboration générative présenté dans cet ouvrage se compare à une descente de rapides de classe 4, de nuit, sur une rivière inconnue, avec une équipe solide où les interrelations sont bonnes et où l'altruisme est plus payant que l'égoïsme!

Fonder le développement organisationnel sur un processus illustré par cette métaphore permet non seulement de maintenir l'entreprise à flot, mais aussi d'avoir du plaisir durant la descente.

Vous êtes prêt à vous mouiller ? Allons-y!

Chapitre 1

RALENTIR POUR **ALLER PLUS VITE**

« Les problèmes d'aujourd'hui sont le résultat des solutions d'hier. »

PETER SENGE

Ce chapitre vise à illustrer qu'il est particulièrement rentable de s'occuper des gens.

POURQUOI FAIRE ÉQUIPE ?

Pour répondre à cette question, on peut simplement en poser une autre : « Croyez-vous vraiment qu'il soit possible de tout faire seul ? » Dans toute entreprise, petite ou grande, qu'elle vende des services ou des biens de consommation, il y a toujours trop à faire pour qu'un seul individu porte tout sur ses épaules. Notre définition de la gestion est la suivante : « faire en sorte que les choses soient faites par des personnes en interaction ». Dans cette définition, aussi simple soit-elle, nous retrouvons le rôle du gestionnaire – faire en sorte –, les processus de production – que les choses soient faites – et les processus relationnels – par des personnes en interaction. Ce sont les processus relationnels qui sont le plus souvent négligés dans les organisations. Ce livre se penche donc en premier lieu sur la question suivante : comment conserver des interrelations optimales dans une organisation en constante évolution et en croissance continue ?

Dans une équipe bien gérée, la production est satisfaisante et les interrelations sont saines. Le gestionnaire peut alors se concentrer pleinement sur l'aspect le plus important de son rôle : conserver une vision périphérique, un recul permettant de voir loin devant. Pour avoir la latitude de se préoccuper réellement de la vision de l'entreprise, il ne doit pas être coincé dans une dynamique de perpétuelle résolution de problèmes. L'expérience nous a démontré que le fait de favoriser la collaboration générative aide les gestionnaires à garder la tête hors de l'eau, tout en permettant à leur équipe d'innover. Et vous trouverez dans ces pages une démarche très concrète pour y arriver.

VERS L'INNOVATION CONTINUE : GÉRER L'ÉQUIPE POUR OBTENIR UN FONCTIONNEMENT OPTIMAL

Le premier avantage à travailler en équipe est que le métissage des idées et des personnalités permet d'apprendre et d'innover ensemble. Or, le plus grand avantage concurrentiel des entreprises qui se démarquent aujourd'hui tient justement à cette capacité de partager le savoir et d'innover. Aucune organisation désireuse de croître ne peut se priver de la valeur ajoutée de l'innovation continue. Et hormis les Léonard de Vinci et les Mozart de ce monde, rares sont les hommes et les femmes qui innovent de façon continue en travaillant seuls.

Dans un contexte de travail en équipe, il importe qu'un responsable – habituellement le gestionnaire – mette consciemment l'accent sur les interrelations. On s'épargne ainsi bien des ennuis. Avez-vous déjà travaillé dans un milieu où l'employeur ne faisait pas de cas de la qualité des rapports entre les équipiers ? Quel effet cela avait-il ? Se pourrait-il que le roulement de personnel ait été plus élevé dans cette organisation ? Qu'il y ait eu davantage d'absentéisme, de vandalisme, de médisance ou de perte de rentabilité ? Une organisation doit innover en équipe pour éviter ces écueils et demeurer compétitive.

L'expérience nous montre par ailleurs qu'il importe de bien investir son temps. Or, bien investir son temps veut souvent dire... ralentir. C'est ainsi que dans nos ateliers auprès de gestionnaires, nous en arrivons toujours à explorer l'idée suivante : « Ralentir pour aller plus vite ! »

En août 2007, un article de la section Affaires du quotidien *La Presse* traitant d'innovation, de rentabilité et de compétitivité reprenait cette idée en d'autres mots : « prendre le temps de réfléchir ». Dans cet article, Pierre-André Julien écrivait : « Quand je visite une entreprise, deux indices me font penser qu'elle va bien : le patron a le temps de me parler et je vois des employés discuter entre eux. »

Il peut sembler long et pénible pour certains gestionnaires de ralentir afin de s'occuper de leurs coéquipiers. « Je n'ai pas de temps pour ça ! Ils sont payés, qu'ils fassent leur job ! » disent-ils. Eh bien ! Il y a fort à parier que si ces gens n'ont pas le temps de s'occuper de leurs collaborateurs, c'est parce qu'ils sont en train de patauger dans les ennuis issus de leur manque de vigilance !

Quand une organisation tente de résoudre les problèmes engendrés par des décisions prises à la va-vite et sans se soucier des relations humaines, elle n'est sans doute pas en train de construire quelque chose de meilleur, à même de réconcilier les objections et les problèmes structurels passés et présents avec les ressources nouvelles et la nature profonde des individus. Elle se cantonne plutôt dans une logique inefficace en prenant des décisions visant à régler rapidement les problèmes qui se présentent, alors que ces mêmes décisions engendreront plus tard d'autres problèmes. Il s'agit là d'une gestion à courte vue qui donne lieu à un perpétuel recommencement. C'est ce qu'on appelle « gérer en pompier » : on passe son temps à éteindre des feux.

Arrêtez votre lecture quelques instants et réfléchissez-y bien. Nous sommes certains que vous pouvez citer au moins une situation où, en tentant de soulager un symptôme par une décision – ou une série de décisions –, les actions subséquentes ont fait naître d'autres problèmes.

Dans les comités de direction et les conseils d'administration des entreprises, avez-vous remarqué que ce sont les responsables des finances qui parlent lorsqu'il est question d'argent? Que lorsqu'il est question d'enjeux technologiques, ce sont les directeurs des TI qui parlent? Cela dit, lorsqu'il s'agit de la gestion des ressources humaines, tout le monde parle! Chacun a une interprétation personnelle plus ou moins réfléchie à partager. De toute évidence, les données subjectives n'offrent pas la même précision que les chiffres. C'est pourquoi tous y vont de leurs analyses, elles-mêmes biaisées par leurs vécus personnels.

LE TOUT EST PLUS QUE LA SOMME DE SES PARTIES

Dans la dynamique de résolution de problèmes, une erreur fréquente consiste à considérer une équipe comme un ensemble d'employés plutôt que... comme une équipe! On cherche alors des solutions au niveau de l'individu au lieu de considérer la dynamique de groupe. «C'est Marc le problème!» Au cours des cinquante dernières années, le développement de la pensée systémique nous a appris que le problème «Marc» ne se limite pas à une personne unique; il relève d'une dynamique relationnelle sous-jacente qui concerne plusieurs personnes, dont Marc n'est qu'un élément.

Sans recherche consciente de cohésion et sans gestion des dynamiques relationnelles, les individus en viennent nécessairement à interagir avec leur environnement de manière à satisfaire leurs besoins fondamentaux[1]. Dès lors, il n'y a plus d'équipe, mais plutôt une somme d'individus qui travaillent «seuls ensemble».

Imaginez un instant une équipe de hockey dans laquelle les meilleurs joueurs – disons P.K. Subban, Wayne Gretzky, Mario Lemieux, Bobby Hull, Maurice Richard et Sidney Crosby – se trouveraient réunis. Comment agiraient ces joueurs s'ils n'avaient pas d'entraîneur, s'il n'y avait aucune cohésion entre eux, ou si l'esprit d'équipe brillait par son absence? Certains d'entre eux chercheraient vraisemblablement à améliorer leur performance individuelle au détriment de l'équipe. Et pour ne pas être en reste, les autres leur emboîteraient sans doute le pas, de sorte qu'en fin de compte, le regroupement des meilleurs joueurs du monde ne réussirait pas à vaincre une équipe moyenne travaillant en réelle collaboration. Vous devez d'ailleurs vous souvenir de championnats où la meilleure équipe – en termes de talents individuels sur papier – a dû s'incliner devant une organisation où tous les joueurs – réputés moins talentueux selon leurs fiches personnelles – travaillaient réellement ensemble.

Dans les organisations pourvues de processus de dotation et de sélection de personnel très élaborés, il n'est pas rare qu'on recherche les «superemployés» et qu'on accorde bien peu d'énergie à les faire réellement travailler ensemble. C'est comme si on était convaincu qu'en ayant les meilleurs employés, la chimie allait se créer d'elle-même ! En contrepartie, quand quelque chose cloche dans une équipe, les dirigeants ont souvent le réflexe de chercher « les pommes pourries » au lieu de remettre en question la dynamique de groupe. Et la raison en est simple : la plupart des gens n'ont pas l'expertise voulue pour aborder la dynamique de groupe dans son ensemble. Or, ce livre vise à vous permettre de développer cette expertise.

PRÉPARER L'ÉQUIPE À UNE DYNAMIQUE DE CHANGEMENT PERMANENT

Dans plusieurs entreprises, on se préoccupe plus des personnes en période de changement organisationnel qu'en temps ordinaire. En effet, pour réussir l'implantation d'un changement dans l'organisation, les gestionnaires font souvent preuve d'une attention plus marquée envers leurs équipiers du fait qu'ils leur en demandent davantage. Ils deviennent particulièrement conscients qu'ils ont besoin d'eux.

Selon le modèle classique du changement organisationnel en trois temps de Lewin, la dépense d'énergie augmente dans les périodes de décristallisation et de transition, pour ensuite diminuer jusqu'à un point de stabilisation. Or, le changement organisationnel doit davantage être abordé comme un processus continu, si bien que nous ne pourrons plus parler de « changement organisationnel », mais plutôt de développement permanent des organisations.

Le changement organisationnel est tellement constant de nos jours que nous devons maintenant parler de développement et d'innovation continus des organisations.

Afin de s'assurer que les individus peuvent agir collectivement dans un tel contexte, il devient primordial de revoir les procédures de gestion de manière à ce que l'équipe soit toujours « en mode d'innovation continue ». Une équipe ainsi préparée fera face à tous les défis sans dépense d'énergie excédentaire. Bien au contraire, les changements deviendront des activités énergisantes et stimulantes pour l'équipe.

Le nouveau paradigme appréciatif conçoit le changement de façon nettement moins pénible et énergivore que les modèles antérieurs. Au lieu d'appréhender anxieusement les changements sous l'effet d'une demande énergétique élevée et fluctuante – ligne pointillée –, les employés d'entreprises qui implantent un processus d'innovation à long terme par la CG – ligne pleine – accueillent le changement comme une routine stimulante.

■ LE PROCESSUS D'INNOVATION À LONG TERME

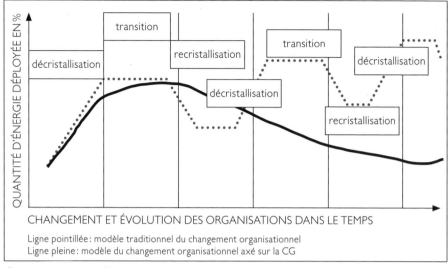

CHANGEMENT ET ÉVOLUTION DES ORGANISATIONS DANS LE TEMPS

Ligne pointillée : modèle traditionnel du changement organisationnel
Ligne pleine : modèle du changement organisationnel axé sur la CG

Graphique inspiré de Collerette, Delisle, Perron (1997)

En collaboration générative, non seulement la demande d'énergie décroît avec l'expérience, mais le climat de production devient plus constructif, puisqu'il est en accord avec la nature profonde des humains : ils ont envie de donner le meilleur d'eux-mêmes, de se dépasser ! Cette approche permet de limiter les résistances en encourageant le développement des personnes sur une base quotidienne.

Se sentir bien avec soi-même n'est pas un luxe, c'est une nécessité absolue.

Les organisations qui arrivent à établir un tel climat de collaboration, tel Google et Pixar, bénéficient nécessairement d'un net avantage concurrentiel face aux défis actuels et futurs. Alors qu'il était premier vice-président de l'ingénierie chez Google, Bill Coughran disait

 Exercice

- Faites une liste des expériences d'équipe (au moins trois) que vous avez trouvé agréables et qui vous ont procuré une énergie nouvelle.
- Maintenant, portez attention aux sentiments de croissance personnelle et de plaisir que vous avez partagés avec vos collègues ou les personnes se trouvant autour de vous, en dépassant vos limites et en poussant l'équipe plus loin.
- Demandez-vous enfin si c'était vraiment difficile.

Le changement devient facile lorsque tout le monde va dans le même sens et que l'énergie circule bien. Le défi consiste donc à rallier les troupes et à maintenir l'esprit de collaboration dans le plaisir.

d'ailleurs ne pas chercher à être un leader, son but étant plutôt de créer un environnement auquel les gens veulent appartenir. Le secret de l'innovation tient à la création de cet espace physique et relationnel où les gens sont capables et désireux de résoudre ensemble des problèmes complexes.

La rentabilité passe aujourd'hui par un processus collaboratif où tous travaillent ensemble et où l'énergie est mobilisée de bon cœur pour développer l'organisation.

Synthèse 1

- Le principal avantage concurrentiel des entreprises qui se démarquent aujourd'hui vient de leur capacité à partager le savoir et à innover ensemble.

- Ralentir pour aller plus vite, c'est considérer tous les aspects d'une situation, même les impacts humains, de manière à faciliter le changement et l'innovation.

- Les problèmes d'aujourd'hui sont le résultat des solutions d'hier !

- Le changement organisationnel doit davantage être abordé comme un processus continu, si bien que nous ne pourrons plus parler de « changement organisationnel », mais plutôt de développement continu des organisations.

- Une équipe est plus qu'un ensemble d'individus.

- La raison pour laquelle plusieurs abordent les problèmes d'équipe comme s'ils étaient ceux de quelques individus tient à ce qu'ils n'ont pas conscience de la dynamique de groupe. Ce n'est pas de la mauvaise volonté, c'est un manque d'expertise.

- Le nouveau paradigme appréciatif conçoit le changement de façon nettement moins pénible et énergivore que les modèles antérieurs.

1 Les besoins essentiels des individus seront traités dans le chapitre 2.

- Comment trouvez-vous le temps de vous occuper des interrelations quand vous travaillez en équipe? Que faites-vous exactement en ce sens?

- Que signifie pour vous «ralentir pour aller plus vite»? Que pouvez-vous faire concrètement pour améliorer votre performance en ce sens?

- Pensez à des situations où vous avez constaté que le potentiel d'une équipe avait largement dépassé la somme des capacités individuelles des personnes qui la composaient. Qu'est-ce qui a permis ce dépassement, selon vous?

- Qu'est-ce qui vous permettrait de voir une équipe comme une entité dotée d'une âme qui lui est propre plutôt que comme une somme d'individus? Trouvez une métaphore qui vous est propre pour illustrer ce concept.

LES **TROIS CONDITIONS** ESSENTIELLES AU **TRAVAIL EN ÉQUIPE**

Les gestionnaires envoient parfois le message aux employés qu'ils doivent se conformer aux besoins de l'organisation. Soit ! Cependant, la réelle collaboration générative prend forme lorsque l'organisation s'adapte aussi aux besoins fondamentaux des humains.

Dans ce chapitre, nous vous éclaire-rons sur les éléments incontour-nables qui permettent aux individus de collaborer.

À QUELLES CONDITIONS LES HUMAINS SONT-ILS EN MESURE DE COLLABORER ET DE CRÉER ENSEMBLE ?

Les gestionnaires qui ne tiennent pas compte des besoins fondamentaux des humains interprètent mal les comporte-ments des personnes n'allant pas dans le sens du groupe. Ils y voient de la résis-tance ou de la mauvaise volonté. Ce fai-sant, ils entrent souvent dans un cercle vicieux où ils manifestent inconsciemment – ou consciemment – de l'insatisfaction par rapport à ces individus, ce qui engendre encore davantage de résistance.

Les gestionnaires sont surchargés, nous le savons. Compte tenu de toute l'informa-tion qui se présente à eux et qu'ils doivent traiter dans une journée, il peut leur arri-ver d'oublier de prioriser une notion aussi banale que centrale : ils sont entourés d'hommes et de femmes qui peuvent don-ner le meilleur ou le pire d'eux-mêmes... selon la façon dont ils considèrent leurs besoins fondamentaux.

La plupart des personnes qui ont fait des études en communication, en psy-chologie ou en gestion connaissent la pyramide des besoins de Maslow. Cette dernière dépeint les cinq besoins fondamentaux des humains. Le pre-mier est la survie. Et pour survivre, pour maintenir son énergie vitale, le corps a besoin de nourriture, de sommeil, etc.

La survie assurée, le deuxième besoin impératif à satisfaire est la sécurité. Ce n'est que lorsqu'il est en sécurité que l'humain peut accéder au troisième niveau de la pyramide, soit celui du besoin de reconnaissance sociale, indis-sociable des relations interpersonnelles.

Quand les relations interpersonnelles s'avèrent enrichissantes, le principal besoin émergent de l'humain devient alors l'estime de soi.

Selon Maslow (1943), certains indivi-dus développent ensuite le besoin d'ac-tualisation de soi, du plein développement de son potentiel. Seulement 5 % de la population attein-drait le dernier stade, dit de la transcen-dance. À ce niveau élevé de besoin, l'individu est mobilisé par le dépasse-ment de lui-même, l'altruisme, la vérité, la bonté, l'unité, le sens, la simplicité et le jeu. Plusieurs auteurs citent Maslow sans faire référence au besoin hautement évolué de transcendance.

Dans une société où, pour la plupart des individus, les besoins de survie et de sécurité semblent comblés, il peut paraître incompréhensible pour certains qu'une personne ne se sente pas en sécurité, ou capable de nouer des relations saines et satisfaisantes, qu'elle ne se sente pas reconnue, ne s'aime pas ou n'accomplisse pas tout naturellement une tâche donnée et ne produise pas comme nous le voudrions.

— *Pourquoi ne fait-il pas ce que je lui demande ?*
— *C'est vraiment de la mauvaise foi !*
— *Non, mais il le fait exprès ou quoi ?*

En voyant les humains comme ayant des besoins structurés de façon hiérarchique, vous ne serez pas surpris d'apprendre que le salaire d'un employé ne figure souvent qu'en troisième ou quatrième place dans l'échelle des facteurs de motivation au travail. En effet, des études prouvent que le sentiment de pouvoir, le sentiment d'affiliation et le besoin d'accomplissement l'emportent généralement sur le salaire comme facteur de motivation au travail.

La première condition essentielle pour qu'une équipe travaille dans un esprit de collaboration générative est que les gens se sentent en sécurité. Nous aborderons donc ce besoin en tentant de comprendre son importance pour l'humain.

Ensuite, nous verrons comment créer un tel environnement.

Puis, nous aborderons la deuxième condition essentielle : les gens doivent sentir que nous respectons leur autonomie, préalable à la reconnaissance sociale.

Une fois ces éléments établis, nous pourrons traiter de la troisième condition pour qu'une équipe travaille dans un esprit de collaboration générative, à savoir la mise en place d'un processus où il devient plus payant d'être altruiste qu'égoïste.

Nous terminerons ce chapitre en présentant des exemples de conséquences liées au non-respect de ces conditions. Vous verrez comment adapter votre comportement en tant que leader de manière à favoriser l'accomplissement des diverses tâches par une équipe en totale collaboration générative.

PREMIÈRE CONDITION : LA SÉCURITÉ

La première condition pour que l'autre désire créer en équipe est de pouvoir satisfaire son besoin de sécurité.

Depuis des millénaires, l'être humain dispose d'une faculté qui lui permet de distinguer automatiquement un ami d'un ennemi sur la base de son expérience acquise. Ce vestige de l'évolution le guide encore aujourd'hui dans l'univers social et lui permet de déterminer inconsciemment les gestes à poser selon les circonstances. Si une personne me semble être amicale, je me trouve disposé à communiquer et à partager avec elle. Si, au contraire, une personne m'apparaît comme un ennemi, je peux avoir trois réactions possibles : l'agresser, la fuir ou paralyser devant elle.

Vous vous savez naturellement pacifique et bienveillant. Vous n'agresseriez jamais personne ni ne feriez de mal à une mouche. Il vous semble donc tout à fait clair que le commun des mortels vous perçoit comme un ami, et que les personnes « normales » devraient spontanément vouloir collaborer avec vous ! Ce n'est cependant pas toujours le cas, n'est-ce pas ? Vous sentez même sans doute, à l'occasion, que certaines personnes vous craignent, vous évitent ou sont hostiles à votre égard ?

Pour bien comprendre comment fonctionne le réflexe inconscient qui permet de départager les amis des ennemis, il importe de se rappeler que, de toutes les espèces animales, les humains sont les plus vulnérables à la naissance. Même les souris et les chatons doivent avoir la force de se traîner jusqu'aux tétines de leur mère pour assurer leur survie, alors que le bébé de l'homme n'a pas cette force à la naissance. Il est donc totalement dépendant de l'adulte qui lui procurera les soins nécessaires. Et sa sécurité relationnelle se développera selon la façon dont ces soins lui auront été prodigués. Ainsi, bien que le mécanisme de reconnaissance dont il est question semble inné, il peut se développer avec une sensibilité très variable selon le milieu de vie dans lequel un bébé grandit.

Le bébé est-il désiré et aimé ?
Vit-il de la négligence parentale ?
Est-il carrément détesté ?
Est-il oublié, laissé pour compte ?

L'enfant vit ses premières expériences de vie et se développe dans un environnement social donné, et se fait ainsi une représentation de ce que sont des « amis » : ce sont des gens comme lui. À l'inverse, les gens différents de lui deviennent des ennemis.

Imaginez que vous êtes né dans un quartier quelconque d'une petite ville nord-américaine. Les personnes qui vous entourent ont des caractéristiques physiques plus ou moins semblables. Le langage, le rythme et les intonations de la voix de même que l'emploi de certains mots et expressions sont distinctifs de votre milieu particulier et deviennent des éléments sécurisants avec le temps, dans la mesure où ils font partie de votre quotidien depuis toujours, d'autant plus que votre entourage médit des gens des autres villes.

Vous quittez votre milieu natal pour la première fois à dix-neuf ans, et vous rendez simplement dans la ville voisine, où vous découvrez des gens vêtus un peu différemment de ceux que vous avez l'habitude de côtoyer, et qui s'expriment dans un langage aux expressions et aux accents peu familiers à votre oreille. Comment réagissez-vous ? Nous sommes prêts à parier que vous éprouvez – à tout le moins – une légère tension dans la poitrine ou les épaules, un stress venant *du fait que vous vous sentez un peu perdu, voire en terrain hostile. Il va sans dire que vous ne risquez rien a priori. Nous pouvons néanmoins supposer que votre corps, au-delà de votre raison, vous enverra des signes vous indiquant que vous courez peut-être un danger.*

Dans cet exemple, le mécanisme inconscient qui permet de départager les amis des ennemis revêt une forme toute simple : plus quelqu'un est « comme moi », plus il est probable qu'il soit automatiquement classé dans la catégorie « ami ». Et plus quelqu'un est « différent de moi », plus il risque d'être classé automatiquement dans la catégorie « ennemi ». C'est pourquoi le simple fait de rencontrer des gens que je ne connais pas peut susciter des émotions négatives influant sur ma façon d'entrer en relation – à plus forte raison si je n'ai pas été sécurisé dans mon enfance.

Dans certains endroits, le port d'une cravate permet d'être perçu comme faisant partie du groupe, alors qu'en d'autres lieux, il devient un facteur de rejet.

Le leader du processus de CG doit se demander : « Comment puis-je entrer en relation avec les autres de façon à m'assurer qu'ils éprouvent rapidement et de façon durable un sentiment de sécurité en ma présence ? » Autrement dit : « Que dois-je faire pour être perçu comme un ami ? »

Le volet inconscient de la communication est le plus important. Comme leader, je dois donc avoir la patience et l'habileté nécessaires pour décoder le message que perçoit l'autre et m'assurer qu'il se sent en sécurité pour l'amener à s'engager dans le processus de CG. Et je dois parallèlement prendre conscience des messages inconscients que j'envoie à mon entourage pour m'assurer de maintenir ce sentiment de sécurité au plus haut niveau.

La signification d'un message est déterminée par le récepteur, et non l'émetteur.

Si vous faites un compliment à votre conjoint, et que celui-ci le perçoit comme une insulte, le message « est » une insulte, peu importe votre intention !

■ ASTUCE

La meilleure façon de sécuriser les autres est de leur faire sentir que nous sommes « comme eux ». Ne vous gênez pas pour reprendre leurs expressions et utiliser les mêmes mots qu'eux. Occupez l'espace de la même façon qu'eux. Si votre interlocuteur se croise les bras, croisez aussi les bras. Plus tard dans la conversation, lorsque vous décroiserez vos bras, nous vous parions qu'il fera de même.

Synchronisez-vous sur les autres, et ils se sentiront en sécurité. Ils feront alors le premier pas vers la collaboration.

DEUXIÈME CONDITION : LE RESPECT DE L'AUTONOMIE

Pour que les gens s'inscrivent dans une démarche de collaboration générative, nous devons respecter leur besoin d'autonomie.

Tous les enfants passent par un stade de développement qu'on appelle la phase d'affirmation. Il survient entre les âges de deux et quatre ans, parfois cinq, et se caractérise par un « non » catégorique à toute idée, proposition ou suggestion venant des parents. Il s'agit d'une période difficile sur le plan de l'éducation, au cours de laquelle plusieurs parents regrettent d'avoir eu des enfants... Ils ne sont d'ailleurs pas au bout de leurs peines, puisqu'une autre phase normale d'affirmation semblable à la première surviendra à l'adolescence.

Si ce stade de développement particulier survient en premier lieu à ce moment de la vie des enfants, c'est qu'avant cet âge, ils ne sont pas assez mobiles et ils ne parlent pas suffisamment bien pour pouvoir exprimer leur besoin fondamental d'autonomie. Cela dit, après l'âge de cinq ans, ce besoin ne s'estompe pas. Fatigué d'être en constante opposition avec les adultes qui l'entourent, l'enfant a simplement compris qu'il a intérêt à être plus subtil dans ses demandes et ses manifestations d'autonomie s'il veut vraiment pouvoir faire des choses de façon plus autonome. S'ensuit une période où il s'exerce à suivre certaines règles, et ce, jusqu'à la puberté, où il cherchera de nouveau à revendiquer plus d'autonomie.

Nous pouvons nous offusquer de ce que les gens refusent de faire ce que nous leur demandons, ou de ce qu'ils fassent les choses différemment de ce que nous leur avons demandé, mais en vain. Les comportements humains découlent d'une force plus impérative que nos demandes, à savoir le fameux besoin d'autonomie. Cette force nous empêche d'ailleurs parfois nous-mêmes d'accomplir nos propres volontés pour peu qu'elles prennent l'apparence d'obligations. Vous avez en effet sûrement remarqué que lorsqu'une personne dit : « Il faut absolument que je fasse telle ou telle chose ! » il y a de fortes chances qu'elle ne le fasse pas ou qu'elle le fasse à contrecœur.

Tout un chacun a donc besoin d'autonomie dans ses choix, y compris celui de se plier ou non à une consigne donnée. En se disant « il faut que », une personne se fait violence et renie elle-même sa propre liberté. Elle se donne un ordre, et rares sont ceux qui aiment en recevoir ! Par conséquent, soit elle désobéira – fût-ce à elle-même –, soit elle agira contre son gré, absorbant du coup des frustrations énergivores. En se disant plutôt : « Je choisis de faire telle ou telle chose », la personne respecte à la fois son besoin d'autonomie et celui d'accomplir ce que demande la situation. La probabilité d'agir de bon cœur est alors nettement plus grande.

Marshall Rosenberg, le père de la communication non violente, situe le besoin d'autonomie au premier rang des besoins humains. Même en ce qui a trait aux comportements les plus insignifiants, si les gens se sentent manipulés et privés de leur liberté de choix, ils le feront payer cher en retour! Soit ils collaboreront à contrecœur – ne donnant donc pas le meilleur d'eux-mêmes –, soit ils fuiront, contre-attaqueront ou paralyseront.

Un gestionnaire cherche à créer un impact bien précis : faire en sorte que l'équipe améliore les fonctionnalités d'un produit. Pour obtenir ce résultat, il intervient comme suit :

« Bon, voici comment ça va se passer : commencez par X, enchaînez avec Y et révisez ensuite cette procédure! Faites-moi part de vos progrès lundi aux fins de validation. »

Imaginez maintenant que, pour obtenir le même résultat, il adopte plutôt l'approche suivante :

« Comment prévoyez-vous structurer vos rencontres de travail pour améliorer les fonctionnalités du produit? Quel pourrait être votre premier livrable? Merci de partager votre plan avec moi; pensez-vous que nous pouvons nous en parler mardi ou mercredi prochain? »

Il y a fort à parier que le résultat sera plus concluant avec la deuxième méthode. Pourquoi? Parce que les employés auront eu le sentiment d'être autonomes dans leur choix. Contre qui

ou quoi pourraient-ils résister? Le fait est que dans la plupart des cas, les coéquipiers qui se sentent libres de leurs choix sont enclins à collaborer. Si vous faites un premier pas dans la bonne direction, ils feront tout naturellement le deuxième pas vers la collaboration.

TROISIÈME CONDITION : AGIR DE FAÇON ALTRUISTE... ÉGOÏSTEMENT

La troisième condition pour que les gens s'engagent dans un processus de collaboration générative est que les individus doivent trouver égoïstement avantageux d'agir de façon altruiste.

Selon la sociobiologie, nous sommes essentiellement égoïstes. Toutes nos manifestations d'altruisme serviraient en fait à satisfaire nos propres besoins. En observant attentivement les espèces animales, nous constatons d'ailleurs que les comportements purement altruistes se manifestent toujours entre membres d'une même famille, soit entre individus au bagage génétique commun. Nous serions en effet programmés pour nous reproduire et procurer à nos enfants – notre lignée – les conditions optimales pour qu'ils se reproduisent à leur tour et puissent offrir à leur progéniture les ressources nécessaires à leur développement. Bref, nous sommes capables d'altruisme envers nos enfants comme envers personne d'autre.

André, un père de famille, nous raconte un fait vécu. Il tient dans ses bras son fils

âgé de trois semaines. Alors qu'il s'ap-
prête à descendre un escalier, il glisse et
perd pied. À trente-trois ans, pour la
première fois de sa vie, son réflexe est de
protéger quelqu'un d'autre à son détri-
ment en serrant son fils contre lui. Il
dégringole sur le dos en se frappant
durement la tête contre les marches, mais
sans un instant desserrer ses bras
protecteurs autour de l'enfant. Inconscient
de la douleur pendant sa chute, il ne la
ressentira que deux minutes plus tard,
une fois rassuré sur l'état de son fils.

Si André avait tenu un appareil photo haut de gamme plutôt que son fils au moment de tomber, il se serait protégé lui-même, et non l'appareil. Pourquoi donc a-t-il spontanément privilégié la sûreté de son fils plutôt que la sienne propre, alors qu'il aurait agi différemment avec un appareil photo ?

Selon la sociobiologie, plus le lien génétique est fort, plus il est probable d'observer des comportements d'altruisme entre individus. À l'autre bout du continuum, soit en l'absence de lien génétique, il est démontré que les individus peuvent agir de façon altruiste, mais dans le but – conscient ou inconscient – de combler des besoins égoïstes !

Dans un contexte social où il n'y a pas de lien génétique entre les individus, chacun cherche à combler des besoins égoïstes. L'altruisme ne se manifeste donc entre les gens que s'il devient plus payant que l'égoïsme. Et pour le rendre avantageux, le style de gestion de l'entreprise doit le valoriser ouvertement de façon continue et diversifiée.

 **Exercice**

Pensez aux trois plus belles relations de travail que vous avez actuellement. Nommez-les arbitrairement relation A, relation B et relation C.

• Qu'est-ce que vous retirez de la relation A ?

_____

_____

• Qu'est-ce que vous gagnez de la relation B ?

_____

_____

• Qu'est-ce que vous obtenez de la relation C ?

_____

_____

Maintenant, posez-vous lucidement la question : si vous n'aviez plus ces avantages, est-ce que votre capacité d'altruisme changerait vis-à-vis de ces trois personnes ? Répondez franchement !

■ ALTRUISME VS ÉGOÏSME

« Mon chéri, voudrais-tu déplacer cette table pour moi ? »

Pensez-vous que l'homme agit par altruisme ou par égoïsme ?
En tant que leader du processus de CG, pensez-vous pouvoir devenir aussi attirant que cette femme ?

Comment puis-je m'assurer que les personnes avec lesquelles je collaborerai voudront égoïstement mettre toute leur énergie à satisfaire des besoins collectifs ?

Quels sont leurs besoins égoïstes ?
Comment établir une stratégie gagnant-gagnant ?
Comment leurs objectifs personnels se rattachent-ils aux objectifs de production ?
Qu'est-ce qui motive Martin, Véronique, Charles ? L'argent, le pouvoir, la reconnaissance, l'affiliation avec les autres, la performance, les avantages sociaux, la qualité du produit que nous fabriquons ?
Ont-ils tous les mêmes motivations ?

LES TROIS CONSÉQUENCES À NE PAS TENIR COMPTE DE CES CONDITIONS

Si l'une ou l'autre des trois conditions fondamentales n'est pas présente (sécurité, autonomie, altruisme plus payant que l'égoïsme), les individus réagiront par l'agression, la fuite ou la paralysie.

Si vous ne vous sentez pas en sécurité, vous aurez vous-même l'une ou l'autre de ces réactions, n'est-ce pas ? Êtes-vous plutôt du genre à agresser, à fuir ou à paralyser ? Est-ce que votre réaction dépend du contexte ? Il en sera de même si l'on ne respecte pas votre besoin d'autonomie, pas vrai ? Et si la tâche à accomplir ne vous aide pas à satisfaire un besoin égoïste, vous aurez une fois de plus recours à l'agression, à la fuite ou à la paralysie. Cela va de soi.

Vivez-vous actuellement une situation où les conditions fondamentales ne sont pas respectées et où vous éprouvez le besoin de vous protéger ? Cela ne fait-il pas résonner un écho en vous ?

Au sein des organisations, les trois mécanismes de protection que sont l'agression, la fuite et la paralysie prennent différentes formes.

Certaines réactions agressives sont faciles à déceler : les agressions physiques, les menaces verbales et les bris de matériel n'en sont que quelques exemples. D'autres sont plus subtiles – donc plus difficilement observables –, et elles constituent un plus grand défi pour les employeurs, car elles font appel à des mesures plus exigeantes qui finissent souvent par coûter très cher. Des exemples en sont le harcèlement psychologique, la menace voilée et la formation de « cliques » cherchant à sécuriser leur position tout en exerçant une pression sur un autre groupe au sein de l'organisation.

En ce qui concerne la fuite, elle s'observe notamment sous forme d'absence et de temps perdu : pauses prolongées, communications non reliées au travail, etc. L'absence de collaboration entre certaines personnes est une manifestation de fuite onéreuse pour l'organisation. Cela dit, la fuite donne aussi manifestement lieu à des démissions, et entraîne conséquemment un roulement élevé de personnel.

Quant à la paralysie et la soumission, elles ne sont pas que contre-productives – elles ralentissent la production –, elles limitent ou interdisent en outre toute forme de créativité, et empêchent ainsi l'organisation d'innover. Le présentéisme – le fait d'être présent de corps au travail sans réellement travailler – peut très bien en être une manifestation.

 Synthèse 2

- Il est payant de voir les besoins derrière les comportements des individus.

- Le sentiment de pouvoir, le sentiment d'affiliation et le besoin d'accomplissement l'emportent généralement sur le salaire comme facteur de motivation au travail.

- La condition première pour susciter la collaboration générative est de satisfaire le besoin de sécurité des membres de l'équipe.

- La meilleure façon de sécuriser les autres est de leur faire sentir que nous sommes « comme eux ».

- La deuxième condition fondamentale pour susciter la collaboration générative est de respecter le besoin d'autonomie de chacun.

- Il est pratiquement impossible d'inciter les autres à donner le meilleur d'euxmêmes sans qu'ils se sentent d'abord autonomes dans leur choix.

- Si quelqu'un agit sous couvert de menace, nous pouvons être sûrs qu'il nous le fera payer par la suite d'une façon ou d'une autre.

- La troisième condition fondamentale pour susciter la collaboration générative est de créer un environnement où il est plus payant d'être altruiste qu'égoïste.

- L'altruisme se manifeste entre les gens lorsqu'il devient plus payant que l'égoïsme – autrement dit, lorsqu'il comble des besoins égoïstes.

- Ne pas tenir compte de ces conditions essentielles provoque l'agression, la fuite et la paralysie dans l'équipe.

Questions d'intégration 2

- En quoi êtes-vous attentif aux besoins des membres de votre équipe? Qu'est-ce que vous pourriez améliorer?
- Qu'est-ce qui motive les gens de votre équipe à travailler ensemble? Quelles questions vous permettraient de découvrir les motivations de vos collègues et partenaires?
- Pour quelles raisons vos équipiers et partenaires accepteraient-ils d'être altruistes? (Répondez en vous inspirant des besoins égoïstes de chacun.)
- Qui ne semble pas se sentir en sécurité dans votre équipe? Que pourriez-vous faire pour sécuriser cette ou ces personnes, ne serait-ce que minimalement?
- Comment vous préoccupez-vous du besoin fondamental d'autonomie de vos coéquipiers?
- Parmi les gens de votre entourage, qui vous est automatiquement apparu comme un ami? Qui, au contraire, a tout de suite semblé être un ennemi?
- Pourquoi pensez-vous qu'il est avantageux de s'adapter aux besoins fondamentaux des individus plutôt que de les réprimer?

Exercice

1. De façon informelle, cherchez à cerner dans le discours de vos coéquipiers ce qui est le plus important pour eux relativement à leur travail. Posez-leur la question franchement: «Qu'est-ce qui est le plus important dans ton travail?»

2. Notez bien leur réponse. Par exemple:
   a. des heures flexibles;
   b. un environnement agréable et lumineux;
   c. les rapports amicaux avec les collègues;
   d. la possibilité de prendre des décisions.

3. Par la suite, proposez-leur des tâches qui correspondent exactement aux critères importants pour eux. Observez leurs réactions.

4. Si vous voulez faire un test, proposez-leur des activités qui ne satisfont aucun de leurs critères. Observez leurs réactions!

   Quelles conclusions dégagez-vous?

Chapitre 3

LA **COCONSTRUCTION** DE LA **RÉALITÉ SUBJECTIVE** : UNE **COMMUNAUTÉ** DE **PARTAGE** DU **SAVOIR**

« Le savoir est la seule chose
qui prend de la valeur,
plus on la partage ! »

Jean-François Ballay

Les gens ont la capacité d'apprendre et de changer. Cette prémisse est très importante pour toute personne qui aspire à devenir le leader d'un processus de CG, car l'apprentissage en équipe en est le cœur. Or, en contexte d'apprentissage en équipe, les individus s'influencent entre eux et en viennent à changer de réalité subjective.

Si vous ne croyez pas que les gens peuvent apprendre les uns des autres et changer, vous vous sentirez dans l'obligation de diriger et d'ordonner. Vous agirez ainsi à l'encontre du respect des besoins fondamentaux des humains, et la collaboration générative deviendra impossible.

Dans ce chapitre, nous survolerons les modèles qui permettent d'établir un véritable dialogue entre les personnes, favorisant ainsi l'apprentissage. Nous verrons par la suite de quelle façon les humains coconstruisent leurs réalités et comment le partage du savoir est essentiel pour bien tirer parti de l'intelligence de chacun et innover ensemble. Enfin, nous aborderons les différents types de savoirs en mettant l'accent sur le savoir-être comme étant l'essence même de la collaboration générative.

LE PARTAGE DES APPRENTISSAGES DANS L'ÉQUIPE : UN MOTEUR DE COLLABORATION GÉNÉRATIVE

Les bouddhistes disent qu'il y a quatre genres d'« apprenants » :
1. Le bol plein : *« Ouais, ouais, cause toujours... Je sais déjà tout ça ! »*
2. Le bol troué : *« Ça entre par une oreille... et sort par l'autre ! »*
3. Le bol renversé : *« Fermeture ! Je ne laisse rien rentrer de neuf ! »*
4. Le bol vide : *« Ah ! Voyons voir ce que je peux en retirer. Est-ce que je peux revisiter le connu... comme si c'était la première fois ? »*

D'après Peter Senge, l'apprentissage collectif est vital pour tirer parti de l'intelligence humaine, et il doit passer par le dialogue entre les gens. Ce concept est en accord avec la méthode de David Bohm, selon qui pour avoir un véritable dialogue, nous devons réunir trois facteurs.

Les trois facteurs à réunir pour apprendre ensemble par le dialogue :
1.   *Tous les participants doivent mettre de côté leurs a priori et leurs postulats – ils doivent « vider leur bol ».*
2.   *Chaque participant doit considérer*

les autres comme des alliés – chacun doit se sentir en sécurité et respecté dans son besoin d'autonomie.

3. *Un animateur, un leader doit maintenir le dialogue autour des thèmes choisis – il doit guider le processus.*

Toutes les ressources sont déjà dans l'équipe. Partageons nos bons coups!

L'apprentissage par l'action suppose de partager nos bons coups afin de rendre disponibles aux autres ceux que nous avons faits nous-mêmes, ainsi que le processus par lequel nous sommes passés. En prenant part à un processus d'apprentissage par l'action, chacun trouve un net avantage égoïste à être altruiste. Dans un groupe de dix, si chacun partage une stratégie de succès avec les autres (altruisme), il repart avec neuf nouvelles stratégies de succès (avantage égoïste).

L'APPRENTISSAGE PAR L'ACTION

Dans une dynamique d'apprentissage par l'action, une équipe de travail se réunit dans le but précis de partager ses expériences sur un thème donné, d'amorcer ensemble un exercice de recherche de solutions, et de favoriser ainsi l'évolution du groupe.

Il peut être souhaitable pour les coéquipiers de définir certaines règles de fonctionnement, mais il importe de veiller à ce qu'elles ne compromettent pas la qualité des échanges. Elles doivent non pas faire figure de contraintes, mais bien faciliter la collaboration générative.

Exemple de règles de fonctionnement:

• pas de téléphones intelligents durant la rencontre;

• observer une pause de cinq secondes entre chaque intervention afin de s'assurer que l'interlocuteur a fini d'exprimer son idée;

• poser des questions aux autres participants au lieu de leur donner des réponses[2];

• convenir de se rencontrer une fois par mois pendant trois heures, et ne pas annuler la rencontre à moins d'un empêchement majeur.

Notre expérience révèle que l'exercice de l'apprentissage par l'action est particulièrement riche lorsqu'on met à contribution des participants de différentes équipes de travail – intraorganisation.

Le groupe de codéveloppement professionnel est une manifestation précise et rigoureusement définie d'apprentissage par l'action qui met l'accent sur le développement de la compétence professionnelle des protagonistes.[3]

LE MIRACLE JAPONAIS ET LA CONSCIENCE DU BIEN COMMUN

Au Japon, si un travailleur suggère à son superviseur d'abolir son poste dans le but d'améliorer la structure de production, non seulement l'administration lui en trouvera un nouveau, mais il sera largement récompensé. La conscience du bien commun n'est pas aussi présente dans la culture de la majorité des entreprises occidentales. Les chasses gardées entre les différents corps de métiers, les employés qui s'en tiennent rigoureusement à leur description de tâches et le manque d'ouverture des gestionnaires quant aux recommandations du personnel sont autant d'illustrations de cette faiblesse.

En tant que moteur du développement organisationnel par la CG, l'apprentissage par l'action s'inscrit nécessairement dans une logique d'accroissement de la conscience du bien commun.

Chez Pixar, aucune partie d'un film n'est considérée comme finale tant que le film dans son ensemble n'est pas final. Chaque contributeur est ainsi à même d'influencer l'œuvre jusqu'à la toute fin. Comme le dit Linda Hill, chacun est encouragé à partager sa «tranche de génie»[4].

Sortir de la boîte! Penser de façon systémique!

■ L'APPROCHE «FORUM OUVERT» DE HARRISON OWEN

Le forum ouvert est une technique qui permet la réalisation de réunions créatives avec n'importe quel type d'équipe dans n'importe quel type d'organisation. Dans une formation en cercle, les participants créent et gèrent eux-mêmes un ordre du jour impliquant divers groupes de travail, en séances simultanées se rapportant au même thème. Ils affichent les thèmes de dialogue sur un babillard comportant des cases horaires. Les participants s'inscrivent ensuite dans les groupes de leur choix. Suivant essentiellement les étapes de l'investigation positive[5], le dialogue est initialement large, puis se recentre progressivement sur un plan d'action.

Le forum ouvert se révèle efficace depuis maintenant trente ans, avec des groupes allant de cinq à mille personnes. Cette approche permet en outre d'obtenir rapidement des résultats, même quand le travail à réaliser est complexe et que le groupe est hétérogène.

Même si cette approche est souvent perçue comme manquant de structure en raison de son ouverture à toutes les propositions – et surprises! –, les réunions en forum ouvert sont en réalité très organisées. Cette technique est tellement adaptée à la promotion du processus de CG qu'elle est complètement transparente.

Les plans d'action élaborés et les décisions prises au cours de telles réunions sont généralement plus systémiques, plus durables, et implantés beaucoup plus rapidement que ceux proposés par des spécialistes ou des gestionnaires ayant recours aux méthodes traditionnelles.

Ralentir et travailler en inclusion pour aller plus vite!

COMMENT LES GENS APPRENNENT-ILS ET CHANGENT-ILS?

Afin de mieux comprendre comment les gens apprennent et changent, il importe de savoir comment l'humain construit et organise sa propre réalité subjective.

Nous avons du mal à concevoir que notre vérité n'est qu'une création de notre esprit.

LA STRUCTURE DE L'EXPÉRIENCE SUBJECTIVE SELON LA PNL

La programmation neurolinguistique (PNL) est l'étude de la structure de l'expérience subjective. Elle s'intéresse au processus et à la façon dont les informations sensorielles sont codées et organisées.

Depuis le début des temps, l'homme est à la recherche de « la » vérité.

Tout serait si simple si la réalité pouvait exister indépendamment de nous, l'observateur! Avoir la certitude que la vérité est là, sous nos yeux, et qu'elle est indiscutable. En fait, bon nombre d'entre nous fonctionnent de cette façon.

Lorsque nous cherchons les causes d'un problème, nous nous situons dans cette logique: nous croyons qu'en cherchant bien et en y pensant longuement « la vérité vraie » se révélera à nous. Or, comme le disait Platon, la «pensée est le discours que l'âme se tient tout au long à elle-même sur les objets qu'elle examine ». En termes de PNL, Platon nous dit que le dialogue intérieur influence la perception de la réalité extérieure.

Or, ce dialogue intérieur est lui-même une construction. Les observations que nous faisons ne sont donc pas absolues, mais relatives à notre point de vue d'observateur. En fait, l'observateur, le phénomène observé et le processus d'observation lui-même forment un tout indissociable.

■ LA PROGRAMMATION NEUROLINGUISTIQUE

Programmation: Le mot «programmation», par analogie avec l'informatique, fait référence au lien entre nos programmes internes – construits à partir de nos cinq sens – et la représentation que nous nous faisons de la réalité.

Neuro: Le préfixe «neuro» indique que c'est au niveau neuronal que ces programmes s'inscrivent et s'organisent.

Linguistique: Le mot «linguistique» est celui qui donne à la PNL tout son sens pratique et utilisable. La PNL nous donne en effet les outils linguistiques pour, dans un premier temps, cerner dans le langage – verbal et non verbal – la structure des programmes neurologiques de nos interlocuteurs et, dans un second temps, influencer ces derniers.

À partir de concepts développés par la PNL, voyons maintenant comment la réalité subjective se construit.

Les créateurs de la PNL, Richard Bandler, John Grinder et leurs collaborateurs – dont Robert Dilts – ont réussi à systématiser la structure de l'expérience subjective. La prémisse de leur approche est que l'humain construit sa propre réalité à partir de ses cinq sens : la vue, l'ouïe, les sensations kinesthésiques, l'odorat et le goûter. Ces systèmes de perception qui nous mettent en contact avec le monde extérieur sont le point de départ de la construction de notre réalité subjective. Ils sont les premiers filtres à travers lesquels nous représentons le monde à l'intérieur de notre tête. Nous percevons ce qui se passe à l'extérieur de nous et nous le transposons à l'intérieur de nous, en images, sons, sensations, odeurs et goûts. Ces représentations internes deviennent notre « version personnelle » de ce qu'est la réalité extérieure.

La PNL parle des cinq sens en utilisant l'acronyme VAKOG — visuel, auditif, kinesthésique, olfactif et gustatif. Ainsi, notre système de perception peut se nommer VAKOGe, l'« e » voulant dire « externe », en ce qu'il repose sur l'environnement. Le système de représentation interne se nomme alors VAKOGi, où l'« i » signifie « interne », dans notre tête. Dans le présent ouvrage, nous n'aborderons que le VAK (visuel auditif kinesthésique).

Nos perceptions (VAKe) dans l'instant présent sont influencées par nos représentations sensorielles (VAKi) issues du passé et construites en fonction de nos anticipations du futur. Cela signifie que ces constructions interagissent avec mon univers sensoriel pour créer dans le présent une représentation de ce que je considérerai bientôt comme la vérité. Il y a donc constamment superposition entre ce que nous percevons de l'extérieur et ce que nous avons en mémoire. Il est impossible pour la majorité d'entre

■ LE VAK

VAK : les sens visuel, auditif et kinesthésique	**Ex. :**
VAKe : le système de perception	**Vi+** = image interne agréable (ex. : souvenir de la vue de la chambre d'hôtel sur la plage)
VAKi : le système de représentation	
	Ae- = son externe désagréable (ex. : ongles sur un tableau)
+: agréable	
– : désagréable	**VAKi+** = expérience complète remémorée et agréable

nous d'avoir conscience de ces phénomènes, le fait est que nous superposons nos constructions passées, nos perceptions présentes et nos anticipations futures dans un tout que nous nommons «réalité».

L'exemple suivant vous aidera à comprendre ce qu'il en est.

CAS VÉCU

Il y a quelques années, Cédrick travaillait à un «projet spécial» qu'il n'a pu mener à terme, occasionnant ainsi des pertes importantes pour l'entreprise. Bien que les circonstances qui ont mené à l'échec du projet n'aient aucun lien avec la qualité de son travail ou de son équipe, il conserve aujourd'hui une représentation sensorielle qui le ramène à l'échec et au stress vécu lors de cette situation (VAKi-).

Depuis, il demeure incapable d'accepter tout autre «projet spécial». En effet, la série d'images qui lui viennent à l'esprit lorsqu'on lui parle de projets de ce genre (Vi-), ce qu'il se dit sur lui-même (Ai-) et la «boule» dans son ventre (Ki-) le paralysent. Précisons que Cédrick n'a pas conscience de ces images internes, pas plus que des mots prononcés. Il est même très probable qu'il ne se rend pas compte que son estomac noué (Ki-) a un rapport avec ce que lui expose son patron (Ve, Ae)!

Chaque fois qu'on propose un «projet spécial» à cet employé, une image interne (Vi-) s'impose à lui et l'état de stress (Ki-) associé à ce qu'il avait perçu comme un échec lui revient automatiquement. Pendant qu'on lui propose de participer à ce nouveau projet (VAKe), une représentation passée (VAKi-) de lui-même se manifeste et l'empêche de se projeter de façon agréable dans le futur. La représentation du «projet spécial» proposé est ainsi modifiée par son expérience passée. Il n'arrive tout simplement pas à créer une image satisfaisante d'un projet réalisé sur laquelle il s'appuierait pour dégager une perspective de succès.

Nos perceptions sont aussi construites en fonction de nos représentations futures. Le leader du processus de CG amorce sa démarche avec l'équipe en définissant la vision à poursuivre, et il l'accompagne pour la réaliser. Par définition, le paradigme appréciatif de développement organisationnel oriente les interventions autour de la création et de la réalisation d'une vision motivante de l'avenir afin de produire une représentation interne qui soit positive pour tous. (VAKi+). Les interventions visent ainsi à faire en sorte que les appréhensions des membres de l'équipe se transforment positivement, de manière à ce que leur cerveau sélectionne les nouveaux éléments de la réalité désirée.

Nos cinq sens sont à la base de nos représentations sensorielles, et ces dernières créent nos programmes internes. À partir d'une organisation complexe de nos représentations sensorielles internes, nous arrivons à nous représenter le monde et à interagir avec lui.

Puisque cette représentation est au départ unique pour chacun de nous, l'apprentissage en équipe se fait par la cocréation de nouvelles expériences VAKi, lesquelles sont engendrées par le dialogue et les échanges entre les participants. C'est le partage des expériences qui rapproche les participants d'une représentation commune sans qu'elle le devienne jamais tout à fait, quoique suffisamment pour cocréer des projets communs.

Notons à ce propos que ce sont justement les écarts de perception qui permettent l'innovation, puisqu'ils ouvrent un champ de possibilités infini.

> **« Ce n'est pas tant ce que les gens ignorent qui cause des problèmes, c'est tout ce qu'ils savent... et qui n'est pas vrai. »**
> MARK TWAIN

LES TYPES DE SAVOIRS ET LES FAÇONS DE LES DÉVELOPPER

> **« La plupart des partisans des projets de changement, qu'il s'agisse des directeurs généraux ou des responsables fonctionnels, se concentrent sur les changements qu'ils essaient de provoquer et ne parviennent pas à reconnaître l'importance des capacités d'apprentissage. C'est un peu comme si on essayait de demander à une plante de croître au lieu de s'attarder aux contraintes l'empêchant de le faire. De sorte que, dès le départ, leurs projets sont condamnés à ne pas atteindre leur [plein] potentiel, jusqu'à ce que la création des capacités d'apprentissage fasse partie intégrante de la stratégie de changement. »**
> PETER M. SENGE

La création des capacités d'apprentissage se fait de façon différente selon le type de savoir qu'on cherche à promouvoir : le « savoir » qui construit notre carte du monde peut en effet se diviser en savoir, en savoir-faire et en savoir-être.

Le savoir – tout court – réunit nos explications des phénomènes concrets et les connaissances théoriques que nous possédons. Dans une discussion au cours d'un souper arrosé, par exemple, toute critique ou opinion repose sur notre savoir. Que notre perception soit plus ou moins juste ou plus ou moins nuancée, nous fondons nos dires sur nos acquis. Ainsi, l'homme qui « sait » que les femmes sont égales aux hommes ou qui « sait » que la terre est plate s'appuie sur ses connaissances, que nous soyons d'accord ou non avec lui.

Dans un contexte d'innovation, le savoir est partagé entre les individus à travers le dialogue, et le choc des savoirs peut donner lieu à des confrontations idéologiques qui entraînent une modification des représentations VAKi. Les débats d'idées sont au cœur même de l'innovation en équipe, et les différents savoirs des participants sont en choc constant les uns contre les autres.

Le savoir-faire se définit comme la capacité de combiner des connaissances pour produire un effet donné. Il consiste souvent à faire « entrer le savoir dans le muscle ». Une personne qui manipule les données d'un chiffrier ou qui analyse un rapport fait ainsi preuve d'un certain savoir-faire.

Au cœur de l'innovation réside un paradoxe : une fois chaque collaborateur animé d'une profonde motivation à donner le meilleur de lui-même, il faut parvenir à catalyser les savoir-faire divergents en mode « résolution de problèmes ». Autrement dit, l'innovation ne se fait pas sans conflits ; elle n'est jamais de tout repos.

Une bonne façon de partager un savoir-faire consiste à suivre les étapes que sous-tend l'acronyme EDIC :

Expliquer. *Vous expliquez quoi faire. « Dis-le-moi ! »*

Démontrer : *Vous le faites vous-même et l'autre vous regarde faire. « Montre-le-moi ! »*

Imiter. *L'apprenant vous imite et reproduit le comportement observé. « Laisse-moi faire ! »*

Corriger. *Vous donnez de la rétroaction à votre coéquipier pour l'amener à*

maîtriser le nouveau savoir-faire acquis. « Ça va, comme ça ? »

Quant au **savoir-être**, il a trait aux relations entre les personnes et à l'intelligence émotionnelle. Quand vous choisissez de laisser une personne finir d'exprimer son idée avant de partager la vôtre, quand vous accompagnez adéquatement un nouveau coéquipier dans l'apprentissage de ses fonctions et quand vous agissez de façon courtoise envers un client, vous faites preuve de savoir-être. La capacité à intégrer les savoirs et savoir-faire divergents, et à rallier les gens autour de décisions intégrant les paradoxes est certainement le savoir-être le plus caractéristique de l'innovation en équipe.

Dans un processus de collaboration générative, il y a un échange de savoir, de savoir-faire et de savoir-être. Toutefois, si le savoir-être n'est pas priorisé d'emblée – si les gens ne sont pas bien encadrés par le leader dans leurs rapports – le processus tombera à plat.

Il importe de faire la distinction entre les trois types de savoirs pour bien diriger son attention au moment d'accompagner une équipe ou un individu dans une démarche d'apprentissage. La pédagogie de l'approche s'en trouvera radicalement modifiée.

Le tableau suivant résume les éléments constituants des différents types de savoirs et les moyens qui permettent de les développer.

■ LES NIVEAUX DE SAVOIR ET LEUR DÉVELOPPEMENT

NIVEAUX DE SAVOIR	ÉLÉMENTS CONSTITUANTS	MOYENS POUR LES DÉVELOPPER
SAVOIR	Connaissances Compréhension Cognition Mémoire Séquence Ordre	Présentations Exposés Explications Lectures Contenu théorique
SAVOIR-FAIRE	Habiletés Psychomoteur Résolution de problèmes (prise de décisions) Stratégies d'action sur l'environnement	Exercices pratiques Mises en situation Jeux de rôle Simulations Études de cas
SAVOIR-ÊTRE	Attitudes Intelligence relationnelle Intelligence émotionnelle Conscience de soi et de son impact sur l'environnement	Poser des questions plutôt que de donner des réponses Favoriser les dialogues et les débats constructifs Inciter à la réflexion sur les comportements et leurs impacts Donner et recevoir de la rétroaction Rallier les gens autour de décisions combinant des perspectives paradoxales

Pour être le leader du processus de CG, il ne suffit pas d'être connaissant, exécutant ou même performant. La réelle compétence s'exerce, comme le dit Henri Boudreault, à la jonction des trois savoirs.

■ LA JONCTION DES TROIS SAVOIRS

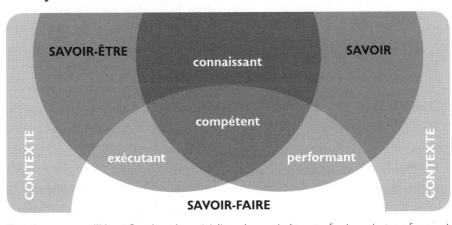

Tiré des travaux d'Henri Boudreault, spécialiste du savoir-être professionnel et professeur à l'UQAM au département d'éducation et formation spécialisées.

Exercice

En équipe de trois, une personne présente un nouveau concept et les deux autres l'écoutent.

1. Prenez deux minutes en silence pour regarder la personne qui présente le nouveau concept et dites-vous que cette personne est créative, qu'elle a toutes les ressources pour développer des idées et pour les mettre en pratique. Posez un regard bienveillant sur cette personne.

2. Écoutez cette personne vous décrire son projet en silence. Vous pouvez prendre quelques notes.

3. Posez des questions de clarification sur le projet. Par celles-ci, poussez la personne à aller plus loin dans ses réflexions et à construire davantage son projet.

4. Enfin, faites deux ou trois suggestions, pas plus. Assurez-vous que la personne comprend bien ce que vous dites et terminez l'exercice sans en discuter davantage.

5. Voyez comment le projet évoluera dans les jours suivants et ce qui en émergera.

Recommencez l'exercice (les cinq étapes) avec les deux autres équipiers. Prenez garde à ne pas démarrer une discussion. Ayez plutôt à l'esprit de vous en tenir aux cinq étapes (par exemple, une fois vos recommandations comprises, passez au coéquipier suivant).

UN ESPRIT DE COMMUNAUTÉ AU SERVICE DE L'INNOVATION

Pour favoriser la coconstruction d'une réalité subjective, le leader doit créer un espace dans lequel les gens souhaitent mobiliser leur meilleure énergie, avec tous les paradoxes et le stress que l'innovation peut représenter. Pour cela, il importe de créer une communauté dotée d'un sens de la raison d'être, des valeurs communes et des règles d'engagement. Plus vous avancerez dans votre lecture, plus ces trois notions vous deviendront familières.

- Les gens ont la capacité d'apprendre et de changer. C'est souvent la disposition de l'esprit qui dicte notre potentiel d'apprentissage (le bol vide).

- Les trois facteurs essentiels pour apprendre en équipe par le dialogue sont :
  1. que tous les participants mettent de côté leurs a priori ;
  2. que chacun sente que les autres sont des alliés ;
  3. qu'un leader guide le processus.

- La conscience du bien commun favorise des comportements servant la vision globale d'un projet ou de l'organisation. L'apprentissage par l'action en favorise le développement.

- L'apprentissage par l'action est un des principaux moteurs de la CG. Il suppose de partager nos bons coups afin de rendre disponibles aux autres les apprentissages que nous avons faits nous-mêmes ainsi que le processus par lequel nous sommes passés. En participant à un tel processus d'apprentissage, chacun trouve un net avantage égoïste à être altruiste.

- Programmation neurolinguistique (PNL)
  - «La carte n'est pas le territoire» signifie que nous n'atteignons jamais la réalité. Nous avons plutôt accès à une représentation mentale de la réalité : notre carte du monde.
  - Notre carte du monde est constituée de nos représentations internes (VAKi).
  - La PNL nomme notre système de perception VAKe.
  - Apprendre, c'est changer l'expérience subjective (VAKi).

- C'est le partage des représentations internes de chacun qui crée l'innovation en équipe.
- Selon le savoir que nous développons (savoir, savoir-faire, savoir-être), nous utilisons des méthodes différentes.

- La capacité à intégrer les savoirs et savoir-faire divergents, et à rallier les gens autour de décisions intégrant les paradoxes est certainement le savoir-être le plus caractéristique de l'innovation en équipe.

- L'esprit de communauté se crée à la jonction de la raison d'être, des valeurs partagées et des règles d'engagement.

- Pensez à un exemple de concept cocréé en équipe. Comment avez-vous participé à ce processus de cocréation? Si c'était à refaire, feriez-vous le même type d'interventions? Pourquoi?

- Quel est l'ingrédient du succès économique japonais présenté dans ce chapitre? Quels liens faites-vous entre cet ingrédient et les trois besoins fondamentaux présentés au chapitre précédent?

- Avez-vous déjà participé à des activités d'apprentissage par l'action, à un groupe de codéveloppement professionnel ou à un forum ouvert... sans nécessairement le nommer ainsi? Qu'en avez-vous retiré?

- Que veut dire PNL?

- Que veut dire VAK?

- Que risque-t-il de se produire lorsqu'une personne dans un groupe est aux prises avec une expérience négative (VAKi-) face à un nouveau projet? Que pouvez-vous faire pour transformer ses représentations internes négatives en images positives?

- Expliquez comment les interactions créent l'innovation dans un groupe?

- Quels sont les trois types de savoirs présentés dans ce chapitre? Pourquoi est-ce utile de comprendre la différence entre les trois quand on innove en équipe?

- De quel savoir le leader du processus de CG est-il minimalement le gardien?

2   La troisième partie vous offre un grand nombre de questions.

3   *Le groupe de codéveloppement professionnel*, A. Payette et C. Champagne, Presses de l'Université du Québec, 1997.

4   Hill, Linda A., Greg Brandeau, Emily Truelove et Kent Lineback, *Collective Genius. The Art and Practice of Leading Innovation*, Harvard Business Review Press, 2014.

5   Voir le chapitre 10.

Chapitre 4

LE **PARADIGME APPRÉCIATIF** ET LA **COLLABORATION GÉNÉRATIVE**

La collaboration générative, c'est une qualité de communication qui permet de créer ensemble dans une perspective d'ouverture totale aux possibilités.

Pour vous aider à faire de la collaboration générative le principal moteur de développement de votre organisation, ce chapitre la situe dans le cadre élargi du paradigme appréciatif.

> **« C'est une erreur de croire que nous développons des théories sur la base de nos observations; c'est plutôt la théorie qui détermine ce que nous pouvons observer. »**
>
> Albert Einstein

NOUS SOMMES NATURELLEMENT DES CRÉATEURS

L'humain est naturellement porté à chercher et à donner un sens aux événements de sa vie. « Pourquoi cela m'arrive-t-il ? Pourquoi moi et pourquoi maintenant ? » Quand quelque chose cloche dans une équipe de travail – et cela arrive, peu importe la taille de l'organisation –, nous tentons de trouver le ou les responsables, la ou les causes : Ça relève du service de tel ou tel gestionnaire... C'est à cause de la restructuration... C'est à cause des pressions du syndicat...

Bien qu'il soit à la fois légitime et éclairant de rechercher les causes des problèmes, il importe de garder à l'esprit que l'humain est naturellement créateur. Si nous voulons trouver des causes à un problème, nous en trouverons... quitte à en créer ! Cela dit, si nous voulons des solutions, nous sommes aussi en mesure d'en créer. Sachant que l'humain ne peut pas se concentrer à la fois sur le problème et sur la solution, à nous de choisir la voie la plus productive.

Il n'est pas rare qu'un conseil d'administration « remplace » un PDG sous la pression des actionnaires quand les actions ne prennent « pas assez » de valeur. Nous pouvons toutefois nous demander si le PDG en est réellement « la » cause. Est-il possible que le marché soit saturé, que le produit soit devenu moins attrayant, ou que la conjoncture économique soit globalement défavorable ? De multiples causes et combinaisons de facteurs peuvent expliquer la situation.

La créativité des actionnaires à rechercher un coupable a souvent stimulé la créativité des PDG durant la dernière décennie, allant même parfois jusqu'au maquillage des états financiers...

Bien qu'il soit rassurant de trouver des causes aux problèmes, la recherche des causes fait tourner le regard vers le passé, et s'appuie souvent sur des perceptions incomplètes. Elle peut en outre inciter à la recherche de coupables, et ainsi déclencher des mécanismes de défense qui risquent de camoufler les enjeux plus profonds.

Nous cherchons là où nous croyons trouver des réponses.
Mais... cherchons-nous au bon endroit?
À quelle information donnons-nous de l'importance?

Si vous conduisez une voiture, vous vous rappelez sans doute que durant vos cours de conduite, l'instructeur vous disait qu'il était important de regarder dans la direction où vous vouliez que la voiture aille. À première vue, ce conseil semble futile, voire inutile. « Bien sûr que je regarde où je veux aller! » Cependant, nombre d'automobilistes ont réalisé l'importance de ces mots face à des situations d'urgence sur la route.

Imaginez que vous roulez sur une route enneigée et qu'à l'approche d'une courbe, la voiture commence à déraper. En pareille situation, la plupart des gens ont l'une ou l'autre de deux réactions.

La première, motivée par l'anticipation d'une sortie de route, consiste à appliquer les freins en priant pour que la voiture s'arrête avant de frapper un obstacle. Toute l'attention du conducteur est alors tournée vers l'obstacle.

La deuxième réaction consiste à envisager les issues possibles. Vous pourriez par exemple vous concentrer sur la courbe que vous vouliez prendre et éviter d'enfoncer la pédale de frein pour permettre aux roues avant de reprendre un peu de traction. Vous songeriez alors sans doute à rétrograder pour amener la voiture à négocier plus lentement la courbe et vous permettre d'en reprendre le contrôle.

Les interventions axées sur les manquements mettent l'accent sur ce qui ne

■ QUAND ON NE VOIT QUE LES PROBLÈMES

Une vision centrée sur les problèmes a pour conséquences [6]:

- un morcellement des situations qui va à l'encontre d'une vision d'ensemble;
- une tendance à voir des problèmes là où il n'y en a pas;
- une focalisation sur les obstacles plutôt que sur la recherche de solutions;
- un accroissement du stress et de la fatigue au sein de l'organisation;
- une variété de réactions défensives à la recherche des « vraies causes » des problèmes.

marche pas : toute l'énergie de l'équipe sert dès lors à programmer le prochain échec !

Comme le précise Élie : « Les gens ont tendance à se renvoyer la balle, à éviter d'être montrés du doigt, à justifier leurs actions ou à se hâter de proposer une solution pour en retirer le mérite. Voilà une excellente recette pour briser la confiance dans une équipe de travail ! »

LA COLLABORATION GÉNÉRATIVE, MOTEUR DU PARADIGME APPRÉCIATIF

N'étant ni un outil ni un mode de développement organisationnel, la collaboration générative est ni plus ni moins l'essence du paradigme appréciatif. Et ce modèle éprouvé, axé sur les ressources et sur la vision cocréée, oriente l'équipe vers son succès futur.

Comment des entreprises comme Apple, Patagonia et Toyota se démarquent-elles de leurs concurrents, année après année ? Qu'ont-elles en commun avec les centaines d'autres entreprises qui innovent continuellement ? Un constat frappant s'impose ici : l'innovation et la CG ont beaucoup en commun.

L'EXEMPLE D'APPLE : L'INNOVATION EN RÉSEAU

Le principe fondamental que partagent l'innovation en réseau et la collaboration générative est le suivant : « Toutes les idées sont bienvenues, pourvu qu'elles servent la vision. »

Saviez-vous que ce n'est pas Apple qui a eu l'idée du iPod, mais un consultant externe par la suite engagé pour gérer le projet ?

Saviez-vous que le logiciel iTunes a été acheté d'une firme externe pour ensuite être amélioré en interne ?

Pour innover, il faut une vision claire, motivante et partagée par tous les employés, ainsi qu'un processus de CG activement centré sur la réalisation de cette vision. Toutes les idées ont leur place, peu importe leur provenance. Apple est toujours à l'affût des idées et des ressources intéressantes, aussi bien dans les universités que chez ses concurrents.

En désirant tout contrôler et tout faire en interne, les puristes peuvent difficilement innover. C'est pourquoi un dirigeant ne peut être seul le leader du processus de CG à moins d'être un génie. Les idées doivent provenir de plusieurs sources et circuler entre plusieurs mains.

NE PAS SE BASER SUR LE PASSÉ, MAIS SUR L'AVENIR

Les produits développés par Apple ne sont pas conçus pour répondre à la demande des utilisateurs actuels, mais pour anticiper et créer la demande des consommateurs de demain.

« Clarifiez votre offre et la demande viendra ! »

Deepak Chopra

« KEEP IT SIMPLE AND FUN ! »

Apple sélectionne différentes technologies et les rend plus faciles d'utilisation pour le consommateur. Elle n'est pas la première entreprise à combiner un lecteur MP3, un navigateur, un système de messagerie et un téléphone dans le même « appareil intelligent ». Elle est toutefois la première à ne pas demander à l'utilisateur d'être lui-même intelligent pour comprendre comment ça fonctionne !

ET AVEC ÉLÉGANCE, S'IL VOUS PLAÎT !

Les produits Apple sont beaux et attrayants ! Leurs lignes sont épurées. À cet égard, ils sont en harmonie avec le principe de l'héliotropisme, lui-même central au paradigme appréciatif. En effet, tout comme le tournesol suit le soleil, les humains et les organisations

■ DU PROBLÈME À LA SOLUTION

PARADIGME « PROBLÈME »	PARADIGME « SOLUTION »
HYPOTHÈSE : *« L'organisation est un problème à résoudre. »*	**HYPOTHÈSE :** *« L'organisation est un mystère à saisir. »*
Identification du problème	Apprécier et mettre en valeur le meilleur de ce qui est
↓	↓
Analyse des causes	Rêver de ce qui pourrait être
↓	↓
Analyse des solutions possibles	Décider de ce qui devrait être
↓	↓
Plan d'action	Innover ce qui sera

ont naturellement tendance à se tourner vers les ressources, les visions et les défis attrayants, stimulants et constructifs.

L'ouverture aux idées de différentes sources et la recherche d'une beauté et d'une simplicité sans cesse accrues caractérisent bien la démarche d'innovation. Toutefois, c'est vraiment par son orientation appréciative du futur que l'innovation peut demeurer un processus de DO durable.

NE NOUS PARLEZ PAS DE PROBLÈMES : CHERCHEZ DES SOLUTIONS !

Tiré de Cooperrider (1996), ce tableau s'inscrit dans le modèle de DO dit d'« investigation appréciative » (*appreciative inquiry*), que certains auteurs traduisent aussi par « investigation positive », et d'autres, par « démarche positive » ou « démarche appréciative ». David L. Cooperrider de la Case Western University et son équipe de collaborateurs sont les pionniers de cette approche d'intervention et de la philosophie sous-jacente.

Le paradigme appréciatif de développement organisationnel diffère radicalement des démarches centrées sur la recherche des manquements et des lacunes : il focalise plutôt sur les solutions. Cette différence peut surprendre, confondre ou même bousculer certains gestionnaires et acteurs du développement organisationnel.

> **« Selon plusieurs, le paradigme appréciatif va culturellement à l'encontre du négativisme et du vocabulaire professionnel du déficit humain qui imprègnent nos entreprises et la société en général. »**
>
> David L. Cooperrider

La physique quantique a démontré que la matière était en définitive une combinaison d'information et d'énergie. Or, une pensée est elle-même une pulsion d'information et d'énergie, si bien que toute pensée a une incidence sur la matière. Les pensées positives attirent du positif et les négatives apportent du négatif. Cela dit, pour reprendre les mots de Françoise Kourilsky, nous ne voulons pas vous encourager à « prôner un optimisme béat – tout le monde il est beau, tout le monde il est gentil ! –, puisque cette vision de la réalité est partielle, limitée et limitante ».

Reste que nous ne pouvons contempler à la fois le problème et la solution. Où voulez-vous donc regarder ? Que voulez-vous créer ? Nous concevons des réalités différentes selon la perspective sur laquelle nous fixons notre attention.

 CAS VÉCU

Un vieil indien racontait une histoire aux enfants le soir au coin du feu.

« Mes chers petits, nous avons deux loups à l'intérieur de nous. L'un d'eux insiste sur les

raisons pour lesquelles nous échouerons dans nos projets en nous rappelant constamment que nous sommes misérables et sans valeur. Il se concentre sur les problèmes et les faiblesses. L'autre loup nous soutient au contraire dans nos démarches d'autonomie en nous rappelant constamment notre force, notre beauté et notre valeur personnelle. Il se concentre sur les solutions et les ressources. »

Manifestement inquiet, un bambin demande au vieil indien : « Mais alors... Lequel des deux loups l'emportera ? » « Hum ! Bonne question ! » répond le vieil indien en se caressant le menton. Puis, il dit : « Lequel des deux loups choisiras-tu de nourrir, mon petit ? »

Le principe fondamental de l'investigation positive consiste à porter toute notre attention sur les ressources et les forces en place dans l'organisation où l'intervention a lieu. Il s'agit d'une approche qui nous incite à choisir de porter consciemment notre attention sur ce qui est stimulant et motivant dans l'environnement, et à nous concentrer sur une vision optimiste et enthousiaste de l'avenir de l'organisation.

Cette stratégie de DO prend essentiellement forme dans le cadre d'un processus de collaboration générative. Il s'agit en effet d'amener les gens à construire ensemble l'organisation dans laquelle ils choisissent de vivre.

L'investigation positive n'est pas une autre forme d'intervention de développement organisationnel. C'est une nouvelle approche aux interventions existantes en matière de DO, dont la planification stratégique, la redéfinition des processus d'affaires, la consolidation d'équipe, la restructuration organisationnelle et le développement des compétences.

L'investigation positive repose sur trois principes : l'héliotropisme, le constructivisme social et la participation dynamique.

HÉLIOTROPISME

Les recherches tendent à démontrer que les organisations, tout comme les individus, grandissent dans la direction de leurs interrogations et de leurs centres d'intérêt. En évoquant les ressources, les gens se tournent vers elles – tout comme les végétaux qui suivent le soleil.

CONSTRUCTIVISME SOCIAL

Que ce soit sur un étage d'une tour de bureaux ou sur un chantier de construction, le climat qui prévaut dans une équipe résulte des conversations autour de la machine à café et entre les gens au travail. L'ambiance et la culture de l'organisation sont créées et maintenues par les discussions qu'ont les gens entre eux au quotidien, de façon aussi bien formelle qu'informelle.

PARTICIPATION DYNAMIQUE

Le changement est d'abord assumé, puis opéré par les employés. Malgré les bonnes intentions de la direction, si les employés n'emboîtent pas le pas, rien ne se produira. Marc Béland, alors président du Mouvement des caisses Desjardins, se plaisait à dire que le changement doit être accepté par la base de l'organisation pour avoir lieu. En effet, bien qu'il semble plus court de prendre des décisions en haut lieu et de les imposer, le fait de plutôt partir de la base et de consulter le personnel permet d'implanter plus rapidement les changements et évite bien des résistances. Le paradigme appréciatif requiert une participation dynamique à tous les niveaux de l'organisation.

Pour réaliser un projet dans l'harmonie, il est souhaitable de relever ce qui fonctionne bien et de se demander comment faire pour améliorer ce qui fonctionne déjà bien. Cette approche favorise la formulation d'une vision en équipe et la collaboration nécessaire pour réaliser ensemble cette vision.

J'utilise le passé pour découvrir mes forces.
Je les utilise maintenant.
Je les améliore pour demain.

 **Exercice**

Lors de votre prochaine rencontre d'équipe, proposez que chacun commence par parler cinq minutes de ce qui fonctionne bien dans son dossier, son unité... sa vie personnelle! Observez ensuite la différence relative à la participation de vos coéquipiers pendant le reste de la rencontre.

- C'est une erreur de croire que nous développons des théories sur la base de nos observations; c'est plutôt la théorie qui détermine ce que nous pouvons observer.

- N'étant ni un outil ni un mode de développement organisationnel, la CG est ni plus ni moins l'essence du paradigme appréciatif, un modèle qui a fait ses preuves.

- Le principe fondamental que partagent l'innovation en réseau et la CG est le suivant : « Toutes les idées sont bienvenues, pourvu qu'elles servent la vision. »

- Nous ne pouvons contempler à la fois le problème et la solution. Où voulez-vous donc regarder ? Que voulez-vous créer ?

- Le paradigme appréciatif requiert une participation dynamique à tous les niveaux de l'organisation.

Questions d'intégration 4

- Quels liens pouvez-vous faire entre le paradigme appréciatif et l'apprentissage par l'action présenté dans le chapitre précédent ?
- En quoi le paradigme appréciatif favorise-t-il l'innovation ?
- Notre éducation nous pousse naturellement à chercher les causes des situations dans lesquelles nous nous trouvons. Que pouvez-vous faire pour développer le réflexe de tourner plutôt votre regard vers l'objectif et les ressources de votre organisation ?
- Que veut dire « héliotropisme » ?
- Quelles sont les grandes différences entre le paradigme problème et le paradigme solutions ? Comment pensez-vous pouvoir faire passer votre organisation de l'un à l'autre ?
- Que décrit la notion de constructivisme social ? Comment pensez-vous qu'elle s'inscrit dans votre organisation ?
- À quoi réfère la participation dynamique ? Comment pensez-vous pouvoir la stimuler dans votre équipe ?

Êtes-vous sceptique ? Bouleversé ? Le modèle présenté diffère complètement de celui dont vous avez l'habitude ? Écrivez vos réflexions au besoin. Vous y reviendrez après avoir entièrement lu ce livre.

6 Selon les études de Frank J. Barrett et Ronald E. Fry.

LE LEADERSHIP DU PROCESSUS DE COLLABORATION GÉNÉRATIVE

Dans la deuxième partie de cet ouvrage, le leader du processus de CG passe au premier plan. Nous le situerons dans le contexte hiérarchique d'une organisation et nous traiterons de l'exercice de l'autorité dans un contexte de collaboration générative.

Nous verrons aussi les quatre piliers de la supervision dans les cas où c'est le supérieur hiérarchique qui guide le processus de CG. Ensuite, nous définirons les six visages du leader qui favorisent des interactions positives, saines et fortes dans un contexte d'actions chevauchant les divers paradoxes de la collaboration générative. Après avoir mis la table dans la première partie, nous allons maintenant droit au cœur du processus de CG.

Nous aborderons la question de la conscience du leader dans l'accompagnement. Nous serons alors à même de constater toute la complexité de son rôle, tout en le rendant simple et assimilable.

Retroussez vos manches, nous y allons!

Chapitre 5

LA **COLLABORATION GÉNÉRATIVE** DANS LE **CONTEXTE HIÉRARCHIQUE** DE **L'ORGANISATION**

« Les individus ne résistent pas au changement, ils résistent à l'idée d'être changés. »

RICHARD BECKHARD

Dans ce chapitre, nous examinerons ensemble les trois principaux pièges à éviter dans l'implantation d'un processus de CG. Par ailleurs, lorsque le leader se trouve être le supérieur hiérarchique, certaines considérations relatives à l'exercice de l'autorité doivent être prises en compte, et nous en traiterons également. Nous aborderons enfin les quatre piliers de la supervision dans le contexte de la collaboration générative.

QUELS SONT LES PIÈGES À ÉVITER DANS LE TRAVAIL D'ÉQUIPE ?

PIÈGE N° 1 : LA COMPÉTITION

■ COMBATTRE SON AMI

J'essaie de battre l'autre ! Mon ami est aussi mon ennemi !

Dans une organisation, bien que ce soit parfois camouflé et insidieux, il y a souvent une bonne dose de compétition entre coéquipiers ou entre services. Faute d'avoir conscience du bien commun, certains employés se préoccupent en effet davantage de leurs intérêts rapprochés que des enjeux plus larges de l'entreprise. Et plutôt que de se réjouir du succès de leurs collègues ou d'autres unités de travail, ils rongent leur frein et peuvent même aller jusqu'à médire d'eux !

La compétition peut être saine par rapport à une autre organisation, mais à l'intérieur d'une même entreprise, elle ne devrait avoir sa place que dans certains contextes de créativité bien particuliers, où les groupes en compétition servent un même objectif collectif et où le processus de collaboration entre les compétiteurs offre un potentiel de développement intéressant.

À titre d'exemple, lorsque Google a dû décupler sa capacité de stockage, la direction a demandé à deux équipes d'explorer des pistes de solution de façon complètement indépendante. Une équipe croyait qu'il fallait faire table rase et créer un nouveau paradigme de stockage (changer qualitativement), alors que l'autre équipe croyait qu'il fallait faire plus de ce que l'on faisait déjà (changer quantitativement). Les deux équipes étaient ouvertement en compétition jusqu'à ce que la meilleure approche des deux, la quantitative, l'emporte. Une fois que la décision quantitative a été choisie, on a intégré une multitude de suggestions de l'équipe qualitative, et tout le monde en est sorti gagnant.

Si la compétition interne n'est pas voulue et planifiée, personne ne gagne. Imaginez une embarcation mue par deux rangées de rameurs. Si seuls les rameurs de tribord ou de bâbord s'activent, l'embarcation tournera en rond. Et le même résultat risque de se produire si les rameurs d'un côté rament avec plus de vigueur que ceux de l'autre côté. Quel intérêt pourrait donc avoir les rameurs à entrer en compétition les uns avec les autres? Cette forme de compétition pourrait-elle être constructive?

PIÈGE N° 2 : L'ABSENCE DE COLLABORATION

■ JE SUIS INDIFFÉRENT

Je travaille pour moi. L'autre, je m'en fous.

Encore plus insidieuse et pernicieuse, l'absence de collaboration n'est démasquée qu'après un certain temps, lorsqu'on finit par constater qu'un projet n'avance pas ou lorsqu'une franche rivalité éclate au grand jour.

Imaginez une unité où tous les employés ont conscience d'un froid entre deux gestionnaires qui devraient pourtant travailler ensemble. Devant ce manque de collaboration flagrant, les employés développent un réseau informel d'échange d'information qui disperse leurs énergies. Cette absence de collaboration favorise l'immobilisme, suscite des tensions et des conflits, et provoque une baisse de productivité marquée par perte d'énergie et de motivation.

 CAS VÉCU

Paul travaille seul dans son coin. Il est très compétent dans ce qu'il fait... mais il ne semble jamais disponible pour aider les autres. C'est un ermite qui œuvre en vase clos. Lorsqu'il présente son produit final, c'est habituellement très bien, mais les autres doivent toujours reprendre certaines parties de leur propre travail pour l'adapter au produit final de Paul, ce qui cause de grandes pertes de temps et d'énergie.

PIÈGE N° 3 : LA COLLABORATION « TOUT COURT »

■ ADDITIONNONS NOS ACTIONS

Nous unissons nos forces : 2 + 2 = 4.

Quand X et Y convergent pour produire XY, nous avons un bon exemple de collaboration «tout court». Par exemple, lorsque deux employés collaborent à un projet, les efforts de l'employé X complètent ceux de l'employé Y et produisent un résultat unifié. Cette forme de collaboration est notamment fréquente entre étudiants universitaires dans le cadre des travaux d'équipe: «Fais la partie A, lui fera la B et moi, la C. À la fin, nous regrouperons les trois.»

Vue sous cet angle, la collaboration met plusieurs individus à contribution pour remplir une fonction. Elle consiste à mettre en commun plusieurs actions concourant à un résultat unique avec une économie de temps et de moyens. Ça vous semble positif, n'est-ce pas? Pourquoi donc disons-nous que la collaboration «tout court» – car c'est bien de celle-là qu'il s'agit – est un piège à éviter?

Contrairement à la collaboration générative, la simple collaboration ne permet pas l'innovation et ne mise pas autant sur le dialogue pour apprendre en équipe. Elle permet des échanges cordiaux dans le domaine du connu et favorise souvent des relations superficielles qui ne révèlent pas le plein potentiel des gens. Voilà pourquoi il y a là un piège à éviter. Si la collaboration «tout court» permettait aux organisations de survivre et d'être compétitives dans les années 1980-1990, elle n'est plus suffisante pour croître dans un contexte de mondialisation des marchés. Il faut plutôt innover sur la base d'une collaboration qui s'inscrit dans le nouveau paradigme appréciatif: une collaboration générative! Il ne suffit plus de se «maintenir à flot»; il faut s'imposer comme «la» référence dans son domaine pour prendre une longueur d'avance sur ses concurrents.

QUAND LE LEADER EST GESTIONNAIRE

Un directeur des ressources humaines dans une multinationale où nous avons travaillé disait souvent: «Tout le monde sait que j'ai de l'autorité. C'est pourquoi je ne l'utilise jamais! Si je l'utilise une fois, je suis brûlé! Je perds mon autorité réelle. Les gens respectent l'autorité des arguments, pas l'argument de l'autorité.»

Ce n'est pas tous les dirigeants qui pensent comme cet homme, et il existe plusieurs façons d'exercer l'autorité. Un gestionnaire peut en effet:
- imposer ses idées;
- ne pas intervenir et exercer un style de gestion de type «laisser-faire»;
- favoriser la CG.

LE MYTHE DU SUPERDIRIGEANT

Selon Senge, quand un nouveau dirigeant arrive dans une entreprise en difficulté, il «coupe dans les coûts – et généralement aussi dans les effectifs – et fait croître la productivité et les bénéfices. Cependant, les améliorations ne durent pas. Nombre de superbes stratégies du superdirigeant ne sont jamais appliquées, et les salariés s'accrochent à leur façon habituelle de faire les choses. Des idées nouvelles ne jaillissent pas de ceux qui sont sur le terrain, car ils ont trop peur de sortir du rang. »

Pourtant, le mythe du superdirigeant perdure. Il s'inscrit dans la même lignée que Superman, Batman, Jack Bauer, James Bond et tous les autres héros qui sauvent le monde à eux seuls !

Nous observons ce phénomène dans les organisations tout comme dans la sphère politique. Un homme monte à la tête d'un groupe et promet du changement. Une portion de la population voit en cette personne l'incarnation même de « la » solution à tous leurs tracas. « Voilà l'homme de la situation ! » se disent-ils.

Lorsqu'un conseil d'administration met un nouveau dirigeant en place, il arrive avec une énergie et une vision nouvelles. Il forme son équipe et procède à des changements aussi rapides que radicaux. Tous les employés sont en attente des décisions venant d'« en haut », de sorte qu'ils n'osent pas innover, craignant que leurs efforts soient ignorés, voire anéantis par la suite.

Le superdirigeant ordonne. Ses directives ont souvent l'avantage d'être claires et précises, car « il sait » ce qu'il faut faire ! En contrepartie, les employés ont tôt fait d'apprendre que leur rôle se limite à attendre passivement les ordres transmis par la chaîne de commandement. Notre homme sait peut-être où il va... mais seulement jusqu'à ce que les choses se gâtent et qu'il soit remis en question. Il n'est alors plus si super que ça, et doit céder sa place à un autre. Et c'est reparti pour un tour !

L'ÉCHEC DU LAISSER-FAIRE

Selon vous, est-il plus souhaitable de baisser les bras et de laisser les choses aller d'elles-mêmes ? Sûrement pas !

Le laisser-faire est rarement le fruit de la mauvaise volonté. Il découle le plus souvent d'un sentiment d'impuissance lorsqu'on ne sait plus trop quoi faire. Un gestionnaire disait : « Je suis découragé. Je pense que je vais mettre mes vendeurs à la porte tous les six mois et en engager d'autres... Quand ils arrivent, ils sont motivés, mais au bout d'un certain temps, leur ardeur s'estompe. C'est toujours la même chose. »

La gestion de type laisser-faire survient lorsque la direction ne veut pas gérer les conflits ou ne sait pas comment le faire, non plus que trouver des solutions viables pour contrer l'absentéisme, le roulement de personnel, la démotivation, etc.

Le gestionnaire de type laisser-faire formule des attentes vagues, du bout des lèvres. Il n'obtient pas ce qu'il veut de ses employés et se fâche à l'occasion de façon imprévisible et incompréhensible pour ces derniers. Force leur est alors de constater que ses vagues attentes étaient en fait des exigences. Dans ce style de gestion, les directives ne sont jamais clairement énoncées, mais si un employé a le malheur de ne pas saisir le message, il risque d'en faire les frais, car bien que son supérieur tente de ménager la chèvre et le chou, il finit souvent par exploser de frustration.

Selon Marshall Rosenberg, les demandes des gestionnaires sont perçues par les employés comme des exigences lorsqu'ils craignent de faire l'objet de critiques ou de représailles s'ils ne s'y conforment pas. Or, face à ce qu'il perçoit comme une exigence, l'employé ne voit que trois façons de réagir : la révolte, la fuite ou la soumission. Ça vous rappelle quelque chose ? Lutter, fuir ou paralyser. Dans un cas comme dans l'autre, le subalterne considère que le gestionnaire exerce une pression et se trouve par conséquent bien moins disposé à répondre favorablement à la demande.

LA COLLABORATION GÉNÉRATIVE ET LA GESTION

La CG en équipe est le processus qui assure que nous allons ensemble là où nous désirons aller. Elle va de pair avec un style de gestion qui tient compte de l'essence même des humains, peu importe leur culture et leur position hiérarchique.

Le gestionnaire qui guide un processus de CG ne donne pas d'ordres et ne formule pas d'exigences, il exprime des demandes.

Un des besoins les plus fondamentaux de tout humain est l'autonomie. Il s'agit d'ailleurs, vous vous en souviendrez, de la deuxième condition du travail en équipe. Le gestionnaire qui désire favoriser un processus de CG a donc tout intérêt à faire sentir à chaque membre de son équipe qu'il est autonome et qu'il a une certaine latitude, une réelle possibilité de choix.

Formuler des demandes – au lieu d'ordres ou d'exigences camouflées derrière un souhait – est la façon idéale de rendre justice au besoin d'autonomie de ses coéquipiers.

Ordre/exigence manifeste : « *Faismoi ça pour demain !* »

Exigence camouflée derrière un souhait : « *Il serait peut-être bon que tout le monde essaie d'arriver environ une demi-heure plus tôt demain pour terminer ça… »* – *suivi d'un reproche sévère à l'employé arrivé à l'heure habituelle !*

Demande : « *Crois-tu qu'il serait possible de réaliser cette tâche avant jeudi ? »* – *en laissant au coéquipier une réelle possibilité de se prononcer.*

Coughran (Google) disait rarement « ne faites pas ça » à une équipe. « Ce serait mal utiliser leur talent », selon lui. Il voulait que les gens aient une vision, une idée, pour faire jaillir la prochaine innovation extraordinaire. « Ce que je tente de faire » confiait-il, « c'est de les amener à débattre ensemble de données objectives. Nous laissons les données issues de notre expérience guider nos décisions. » Il se retenait par ailleurs de répondre aux questions qui lui étaient posées. « Vous voulez mettre les gens au défi de penser par eux-mêmes, vous ne voulez pas qu'ils vous perçoivent comme le décideur ou le porteur de la vision, car cela nuit à la santé de l'organisation[7]. »

Ce qui semble être une perte de temps permet paradoxalement à l'équipe de maintenir une vitesse de croisière « grand V » en dépensant moins d'énergie et en responsabilisant les coéquipiers tout en débloquant pleinement leur potentiel d'innovation. Le responsable du processus de CG ne dit pas quelle direction prendre. Il n'hésite pas non plus à renvoyer les équipes à leur table à dessin en quête de meilleures solutions ou pour étudier une situation plus en profondeur. Il autorise des reports. Il veille à ce qu'il soit clair pour tous que l'équipe doit embrasser la complexité des situations dans leur ensemble, et ne pas se contenter de solutions simplistes. Bref, quand un gestionnaire applique le processus de CG, l'ensemble du groupe se mobilise pour partager l'autorité, chacun se sachant du coup partie prenante de la décision.

SUIVRE LE COURANT

Il ne faut pas s'attendre à ce que tout le monde se tourne vers les solutions dès le départ. Vos coéquipiers manifesteront sûrement des résistances. Ont-ils le droit de se plaindre et d'aborder les problèmes dans un contexte de collaboration générative ? Bien sûr ! Toutefois, le leader du processus doit les guider en recadrant les interventions orientées vers les lacunes humaines, comme l'illustre l'exemple suivant :

— *Collaborateur : « Dans notre sous-groupe, la communication était si mauvaise que j'ai arrêté de parler après cinq minutes et que je n'ai plus ouvert la bouche. Ça ne valait pas la peine ! »*
— *Leader : « Hum ! Je vois... Pouvez-vous me parler de l'image qui vous vient quand vous songez au type d'échange auquel vous auriez aimé participer ? » (V+)*
— *Collaborateur : « Ben, que les gens s'écoutent ! »*
— *Leader : « C'est ça ! Décrivez-moi ce que vous voyez actuellement ! » (V+)*
— *Collaborateur : « À vrai dire, je nous revois assis tous les six en cercle comme tout à l'heure, mais la grosse différence, c'est que j'ai le courage d'interrompre la personne qui n'arrête pas de parler pour dire ce que j'ai à dire et faire de la place aux autres. »*

Dans cet exemple, en suscitant l'expression des « problèmes » et en les recadrant vers l'état désiré, le leader permet à un collaborateur de reprendre la pleine responsabilité de son rôle dans les interrelations.

En concentrant leurs énergies sur des prises de position défensives, les gens deviennent plus préoccupés par leur image que par l'esprit de collaboration générative favorisant la découverte de nouvelles possibilités. Une telle attitude conduit à l'absence de collaboration ou, pire encore, à un climat de compétition et de méfiance.

COLLABORATION ET
COCONSTRUCTION

Voulant sauver d'une mort certaine une colonie de mulots courant vers un précipice, trois gentils écureuils tentent de les arrêter.

Le premier se jette devant eux en leur intimant l'ordre de s'arrêter. L'autorité dont il veut faire preuve n'ayant aucun effet, il est piétiné.

Le deuxième, juché sur un arbre, harangue les mulots dans l'espoir de les persuader de la stupidité de leur comportement. Ses efforts restent vains.

Le troisième ne dit rien. Il va plutôt se placer en tête de la colonie et se met à courir au même rythme et dans la même direction que les mulots. Puis, lorsqu'il se sent bien intégré au groupe et en harmonie avec ses membres, il bifurque et les entraîne ainsi loin du précipice[8].

■ NOUS NOUS « MULTIPLIONS » POUR MIEUX CRÉER

Nous construisons ensemble pour aller plus loin : 2 x 2 = 6, 8... 12 ?

La collaboration générative ajoute un volet de coconstruction et une dose de générosité à la collaboration « tout court ». Le postulat en est qu'il n'y a pas de vérité objective unique, mais plutôt une rencontre de subjectivités multiples. La réalité est en fait coconstruite de façon continue. Quant à la générosité,

■ LA VISION À ATTEINDRE

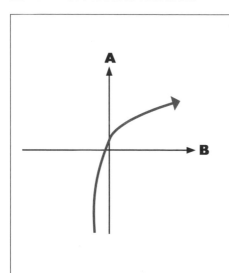

A : La direction habituelle qu'emprunte l'organisation, l'équipe ou l'individu

B : La vision à réaliser

La gestion par la collaboration générative, c'est d'abord suivre la direction du groupe, pour ensuite graduellement élaborer la vision souhaitée en équipe et rallier les gens autour de la réalisation de cette vision. Il s'agit de ralentir pour aller plus vite, de ne pas imposer de changement de direction trop brutal.

elle invite à donner le meilleur de soi-même et à mettre activement son énergie au profit du projet. Ainsi, quand Jasmine et Claude travaillent en collaboration générative à un projet, Jasmine fait de son mieux pour y contribuer, mais aussi pour aider Claude à donner le meilleur de lui-même. Et il en va de même pour Claude. Jasmine et Claude dialoguent et partagent leurs savoirs (savoir, savoir-faire et savoir-être). Ils apprennent ensemble et réalisent davantage que s'ils ne faisaient qu'additionner leurs savoirs et leurs actions : ils innovent !

En contexte de CG, on connaît le point de départ et on définit ensemble la vision à projeter... tout en sachant qu'il est possible d'aller plus loin encore ! Le tout est plus grand que la somme de ses parties. Un projet géré selon ce principe doit donc nécessairement permettre à l'objectif, à la cible, de se modifier, de se bonifier. Pourquoi se limiter ?

Pour qu'une équipe puisse travailler de cette façon, il importe aussi que les individus soient en mesure de s'épauler concrètement dans leur contribution mutuelle au projet. À cette fin, il y a intérêt à poser les

■ LES CROYANCES FONDATRICES SELON LE MODE DE GESTION

Croyances fondatrices de l'approche dite du « superdirigeant »	Croyances fondatrices de la gestion de type « laisser-faire »	Croyances fondatrices de la collaboration générative
« Les changements fondamentaux ne se produisent que lorsqu'ils sont amenés par la direction. »	« La production va naturellement augmenter, j'ai tellement de bons employés. Je n'ai pas besoin de m'en occuper. »	« Le changement, lorsqu'il survient, est le fruit d'une entente entre les patrons et les employés. »
« Il ne sert à rien d'avancer sans que la direction soit à bord. »	« Les gens savent ce qu'ils ont à faire, ce sont des adultes et leur tâche est bien définie. Ça va aller... »	« L'intelligence collective est le moteur du processus de CG. »
« Rien ne se passera si la direction ne donne pas son aval. »	« Il y a très peu de réel changement, qu'il soit amené d'en haut ou provienne de la base. »	« L'adhésion de la direction à une vision cocréée et dynamique est aussi importante que l'adhésion et la capacité d'apprentissage des employés de toutes les unités et à tous les échelons de la hiérarchie. »
« Face à la résistance des employés, il faut que la direction tienne bon et pousse plus fort. »		« La direction s'engage à mettre en œuvre les orientations proposées par les participants dans la mesure où les moyens de l'organisation le permettent. »

Inspiré de Peter Senge. *La danse du changement*, First, 2000.

«bonnes questions» afin d'aider l'autre à chercher le meilleur de lui-même[9].

C'est l'aspect «génératif» de ce genre de collaboration qui permet des percées remarquables et offre des moyens novateurs d'opérer les changements tout en négociant rapidement les virages importants. Qui plus est, non seulement les changements ainsi effectués s'avèrent durables, mais ils se modulent et se raffinent de façon continue.

Il n'est pas mieux que le développement organisationnel vienne d'en haut que d'en bas! Selon le paradigme appréciatif, le changement naît de la rencontre de plusieurs subjectivités, des interactions au quotidien et des différents échelons de l'organisation.

Quand la ligne hiérarchique et la base de travailleurs sont harmonisées, il est évidemment plus facile de favoriser le développement de l'organisation par ce type de collaboration. Ce scénario idéal n'est pas toujours possible à l'échelle de l'entreprise, mais il peut néanmoins s'avérer applicable au sein d'une division, même si le PDG ne sait pas ce que veut dire «collaboration générative».

Nous avons vu les trois conditions essentielles à un réel travail d'équipe (sécurité, autonomie et comportements altruistes qui produisent des gains égoïstes). Nous désirons maintenant aborder avec vous les quatre éléments dont il faut plus précisément tenir compte pour piloter le processus de CG, concrètement, dans le contexte de la supervision de subalternes.

LES QUATRE PILIERS DE LA SUPERVISION DU PROCESSUS DE CG

PILIER 1: INCLURE LES TRAVAILLEURS DE FAÇON FLEXIBLE

Un projet réalisé en collaboration générative a d'emblée une structure flexible conçue pour que les employés se l'approprient et la bonifient. Le leader du processus les aborde avec l'intention de les «mettre dans le bain», de leur faire sentir concrètement qu'ils ne sont pas des spectateurs et qu'ils contribueront réellement au projet.

PILIER 2: DONNER UN POUVOIR RÉEL AUX PARTICIPANTS PAR LE DIALOGUE

Combien de fois avez-vous entendu les propos suivants? «Il nous consulte, mais en fin de compte, il fera à sa tête. Sa consultation ne sert qu'à polir ses arguments pour présenter son plan.» Pour instaurer un réel dialogue, il importe de bien écouter et de tenir compte de l'opinion de tous. Il va sans dire que toutes les idées ne seront pas retenues, mais toutes peuvent faire avancer la démarche, même les plus saugrenues.

Toutes les idées sont en effet pertinentes dans une dynamique d'apprentissage par l'action. Rappelez-vous toutefois que, pour une idée novatrice réellement utile, il y a sans doute de vingt à deux cents idées plus ou moins valables! Cela dit, les organisations habituées à travailler en collaboration générative arrivent à innover de plus en plus rapidement. En apprenant à avoir des débats ouverts et des conflits d'idée sains, les coéquipiers en viennent en effet à mieux se connaître, et plus la chimie est bonne, moins les réunions produisent d'idées inutilisables.

Dans un premier temps, le leader doit être patient et permettre à tous de s'exprimer librement. Certains n'osent pas dire ce qu'ils pensent et n'expriment leurs opinions qu'à grand effort. Rappelez-vous que la première condition du travail d'équipe est la sécurité. Or, si le leader interrompt une lancée trop brutalement, il est probable que la personne n'osera tout simplement plus s'exprimer par la suite.

Pensez-vous que Walt Disney a été pris au sérieux quand il a imaginé Disneyland sur le site d'un marécage en Floride?

Les êtres humains sont sensibles. Il est important pour eux de sentir qu'ils ont leur place et un espace où vivre dans le respect. Avec cette préoccupation en tête, il faut permettre à toutes les personnes de parler également – peu importe leur rang dans la hiérarchie. Il ne s'agit pas ici de calculer le temps de parole de chacun, mais bien de respecter son besoin de s'exprimer.

« En tant qu'employé, je sens que j'ai ma place dans ce projet.
Mes idées sont entendues, et même si *elles ne sont pas toutes retenues, j'ai la possibilité de les partager. C'est super! »*

PILIER 3 : L'IMPORTANCE D'UN LEADERSHIP « DE TERRAIN »

Par « leadership de terrain », nous entendons, à l'instar de Senge, « la responsabilité des résultats et suffisamment d'autorité pour entreprendre des changements quant à l'organisation du travail à son propre niveau ». Ce type de leadership n'appartient pas qu'aux leaders hiérarchiques; il est aussi le fait de toute personne reconnue par ses collègues et ayant l'audace de mettre de nouvelles idées en application.

Le leader du processus de CG peut être le gestionnaire de l'équipe, un employé ou encore un consultant externe. Dans ce dernier cas, il est impératif que des volontaires compétents en interne assurent la suite des choses.

> **« Le sage est celui qui met d'abord ses paroles en pratique et, ensuite, parle conformément à ses actions. »**
> CONFUCIUS

PILIER 4 : LA NÉCESSITÉ D'EXERCER UN SUIVI

Le manque de suivi provoque nécessairement la fin du processus et un retour en arrière. En tant que leader, vous n'avez pas à porter seul le suivi du processus sur vos épaules. Vous devez cependant vous assurer que chaque participant assure le suivi d'un aspect du projet. Votre rôle consiste donc en quelque sorte à faire le suivi des suivis! Encore une fois, si vous êtes un consultant externe, il est impératif que vous coachiez une personne appelée à prendre votre relève à cet égard. La plupart du temps, c'est un gestionnaire hiérarchique qui remplit ce rôle, mais ce n'est pas toujours obligatoire.

Il y avait quelque chose de beau en construction.

Puis, plus rien! Je me suis senti abandonné.

Je suis retourné à ce que je connaissais, c'était plus sécurisant.

Vais-je accepter de m'engager à nouveau dans un processus comme celui-là?

 Synthèse 5

- La conscience du bien commun est essentielle. Malheureusement, cette conscience fait défaut à certains employés, qui se préoccupent alors davantage de leurs intérêts rapprochés que des enjeux plus larges de l'entreprise.

- Les trois pièges à éviter en DO par l'implantation d'un processus de CG sont:
  1. la compétition;
  2. l'absence de collaboration;
  3. la collaboration «tout court».

- Les trois modes de gestion se caractérisent comme suit:
  1. le superdirigeant ordonne;
  2. le dirigeant de type «laisser-faire» exprime des exigences sous forme de vagues souhaits;
  3. le leader d'un processus de CG formule des demandes claires.

- La gestion par la collaboration générative, c'est d'abord suivre la direction du groupe, pour ensuite graduellement élaborer la vision souhaitée en équipe et rallier les gens autour de la réalisation de cette vision.

- Les quatre piliers de la supervision d'un processus de CG:
  1. Inclure les travailleurs de façon flexible.
  2. Donner un pouvoir réel aux participants par le dialogue.
  3. Démontrer un leadership «de terrain».
  4. Exercer un suivi.

- Quelle est la différence entre un souhait, une demande et une exigence – ou un ordre ?

- Connaissez-vous un superdirigeant ? Qu'est-ce qui caractérise ce genre de personne ? Quels traits de ce type de leadership vous ressemblent ? Quelles sont vos pistes d'ajustement ?

- Connaissez-vous un gestionnaire de type « laisser-faire » ? Comment agit-il ? Quels traits de ce type de leadership vous ressemblent ? Quelles sont vos pistes d'ajustement ? Quels peuvent être les impacts de ce type de gestion à moyen terme sur l'innovation en équipe ?

- Qu'est-ce que la collaboration générative a de plus que la simple collaboration ?

- Quels sont les quatre piliers sur lesquels le leader s'appuie pour guider le processus de CG ?

- Que pouvez-vous faire pour améliorer votre leadership de terrain ?

7   Hall, Linda A. et coll, op. cit.

8   Lépineux, Reine, Nicole Soleilhac et Andrée Zerah. *La programmation neurolinguistique à l'école*, Éd. Nathan, 1994.

9   Nous reviendrons sur ces questions dans la troisième partie.

Chapitre 6

LE **LEADERSHIP** QUI FAVORISE DES **INTERRELATIONS** POSITIVES, SAINES ET FORTES

« C'est au moment où l'on s'accepte et où l'on se sent accepté que l'on est préparé à changer. Tout système humain – individu, service, entreprise, institution – qui se sent atteint au niveau de son identité se défendra pour compenser cette frustration au lieu d'utiliser ses ressources et ses compétences pour poursuivre son développement. »

FRANÇOISE KOURILSKY

Opter pour la collaboration générative, c'est faire le pari qu'entretenir des relations positives, saines et fortes nous permettra d'obtenir en équipe des résultats plus importants que ceux que nous pourrions atteindre seuls ou par la simple collaboration. En tant que leader du processus de CG, vous vous préoccupez conséquemment des interrelations qui favorisent un climat d'entraide et de créativité propice à l'atteinte des objectifs de l'équipe.

Qu'entend-on par « se préoccuper des interrelations » ? Et surtout, comment s'y prend-on ? Vous ne pouvez être responsable de chacun, mais vous pouvez influencer positivement les interrelations. Vous avez davantage de pouvoir que vous le croyez.

LES INTERRELATIONS

La relation entre deux personnes, notamment entre deux collègues, est une interrelation qui comporte un lien et deux pôles de responsabilité.

Comme l'exprime si bien Jacques Salomé dans son livre *Pour ne plus vivre sur la planète TAIRE*, dans un rapport de réciprocité, chacun est responsable de la façon dont il transmet son message et dont il interprète celui de l'autre. C'est pourquoi nous considérons chaque membre d'un groupe comme un pôle de responsabilité dans la dynamique de l'ensemble.

L'expression « pôle de responsabilité » vient du fait que la communication commence par soi et se termine aussi à soi. À

■ LES PÔLES DE RESPONSABILITÉ

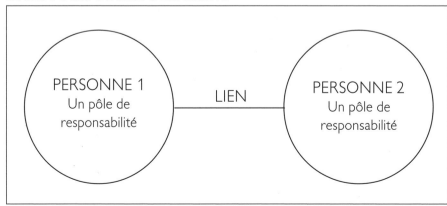

PERSONNE 1
Un pôle de
responsabilité

LIEN

PERSONNE 2
Un pôle de
responsabilité

chaque instant, nous pouvons décider de rester avec notre interprétation du message ou poursuivre la communication : c'est notre choix, notre responsabilité. Cette responsabilité correspond à un pôle, et l'autre est lui-même responsable de son interprétation. Dans un contexte interculturel, par exemple, nous sommes constamment en présence de tels pôles de responsabilité, puisque chaque mot et chaque geste peut facilement être interprété de façon différente d'une culture à l'autre. En tant qu'émetteur ou récepteur d'un message, si l'on ne prend pas la responsabilité de valider le sens réel du message auprès de l'autre, l'on risque de polariser la communication. Deux interlocuteurs peuvent ainsi se quitter avec une compréhension différente des propos échangés.

Vous devez vous assurer que vous avez bien compris l'autre, de même que vous assurer d'être bien compris par l'autre.

En considérant chaque individu comme un pôle de responsabilité, le leader du processus de CG doit rester attentif à la façon dont chacun s'acquitte de sa responsabilité dans ses interactions avec les autres. Se montre-t-il conscient de sa responsabilité envers les autres ? Comment l'exerce-t-il ? De quelle façon transmet-il ses messages et comment interprète-t-il ceux des autres ? Comment

incarne-t-il globalement son pôle de responsabilité ?

Au sein d'un groupe, il est particulièrement complexe de décoder le fonctionnement de chaque pôle de responsabilité ! Or, en tant que leader d'un processus de CG, votre rôle ne consiste pas à décoder tous les individus comme le ferait un psychologue aguerri, mais plutôt à encourager une communication aussi transparente et aussi claire que possible entre les participants afin d'optimiser tous les liens entre eux. Plus vous parvenez à récolter de l'information sur les différents pôles, plus vous serez outillés pour optimiser les interrelations. Bill Coughran, durant ses huit années chez Google, alors que l'entreprise est passée de quelques centaines à plus de 10 000 employés, définissait son rôle comme suit : « injecter de l'honnêteté dans le processus en favorisant les débats, afin de permettre à des gens talentueux de pleinement réaliser leur passion. »

Avant d'expliquer comment nous vous recommandons de vous y prendre pour bien gérer le processus de CG, examinons un peu plus la notion de lien entre les différents pôles de responsabilité.

Entre deux personnes, il y a un lien et deux pôles de responsabilité. Entre trois personnes, il y a trois liens et six pôles de responsabilité. Entre quatre personnes, il y a six liens et douze pôles de responsabilité ! Comment donc les liens se configurent-ils quand il y a dix personnes ? Ou plus encore ?

JE PERÇOIS LES AUTRES À TRAVERS MES FILTRES

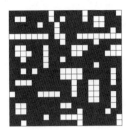

Les cases libres permettent l'échange. Je suis plutôt à l'aise avec ce qui est mentionné ou perçu. C'est en accord avec mes croyances et valeurs.

Les points obstrués représentent les blocages causés par ces mêmes croyances et valeurs. Ils limitent la qualité de l'échange.

ET LA COMMUNICATION SE FAIT D'UN PÔLE À L'AUTRE

moi

l'autre

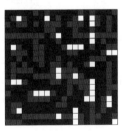

En interaction avec l'autre, si vous ne prenez pas le temps de clarifier la communication, votre compréhension mutuelle risque de ressembler à ceci :

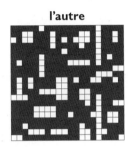

Être responsable de votre pôle de responsabilité, c'est vous assurer que vous pouvez recevoir les propos de l'autre.

LE SEUL MOYEN DE VOIR L'AUTRE ET SON FILTRE, C'EST DE NETTOYER LE MIEN...

moi   **l'autre**

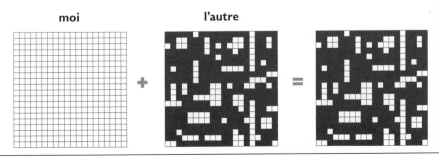

■ PLUS DE PERSONNES, BEAUCOUP DE LIENS ET ENCORE DAVANTAGE DE PÔLES !

Trois personnes pour 3 liens et 6 pôles de responsabilité

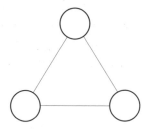

Quatre personnes pour 6 liens et 12 pôles de responsabilité

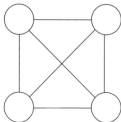

... et 10 personnes pour 45 liens et 90 pôles de responsabilité !

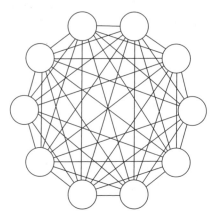

Nous comprenons ainsi que le nombre de liens est exponentiel, et que lorsque vous êtes devant 10 personnes, vous pouvez compter 45 liens et 90 pôles de responsabilité !

D'après vous, qui peut avoir le plus d'influence sur le développement des liens entre les membres d'une équipe ?

Quels sont les différents visages du leader d'influence ?

Comment obtenir ce pouvoir d'influence ?

Où et quand se tissent les liens entre les personnes ?

Qui peut influencer la qualité des liens entre les participants dans un processus de collaboration générative ? Vous ! Vous avez en effet ce pouvoir d'influence ! Reportez-vous au diagramme illustrant un groupe de dix personnes et observez votre position. Vous êtes à même de constater que vous avez un contact direct avec chacun des autres coéquipiers. Ce sont souvent les personnes en position d'autorité hiérarchique qui exercent un ascendant sur un groupe et qui influencent le plus le processus de CG. Cela dit, même si vous n'êtes pas actuellement en position d'autorité au sein d'un groupe, si vous réussissez à établir un lien positif avec chacun de ses membres – en vous montrant sincèrement intéressé à ce qui caractérise leur pôle de responsabilité –, vous aurez par le fait même une influence indirecte sur l'ensemble des interrelations entre les participants.

Attention, vous pourriez devenir très inspirant!

LE LEADERSHIP PAR L'EXEMPLE: ÊTRE SOI-MÊME RESPONSABLE DE SON PÔLE AVANT TOUT!

À l'instar des parents dans une famille, les personnes les mieux placées pour avoir de l'influence dans une équipe sont celles en position d'autorité. Les enfants sont directement influencés par la façon dont les parents communiquent, et les parents respectueux des autres encouragent naturellement leurs enfants à l'être aussi par leur exemple. En tant que leader du processus de CG, vous pouvez de même exercer votre pouvoir d'influence en donnant l'exemple, soit en favorisant consciemment et ouvertement le respect mutuel au sein de votre équipe.

Savez-vous qu'un client satisfait en fait part à deux ou trois clients potentiels alors qu'un client insatisfait en parle à dix personnes? Dans l'équipe dont vous guidez le processus de CG, si vous laissez un conflit ou un malaise non résolu entre une personne et vous, vous contaminez – à un degré variable – l'ensemble des interrelations. Votre premier rôle est donc d'entretenir vous-même des liens sains et positifs avec tous. Si quelqu'un doit être responsable de son pôle, c'est bien vous!

Par sa transparence et sa congruence au quotidien, le leader arrive à tisser des liens forts et positifs entre tous les participants. Le regard que vous portez sur les gens et les propos que vous tenez au sujet de vos collaborateurs, de vos employés, de vos étudiants ou autres sont épiés et analysés à tout instant. Ils influencent rapidement les attitudes de l'ensemble du groupe sur lequel vous exercez – consciemment ou non – un ascendant.

■ LE LIEN D'AUTORITÉ

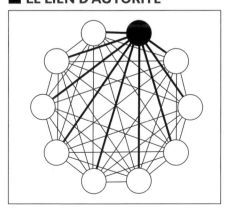

 **CAS VÉCU**

Lors d'un atelier d'équipe, une participante posait beaucoup de questions et s'attirait des regards exaspérés de la part des autres participants. Or, en tant que leaders de cet atelier, nous étions responsables des liens entre cette personne et les autres, et nous souhaitions favoriser la collaboration entre tous.

À la troisième question posée par cette partici-pante, nous avons décidé de ne pas répondre ! Nous lui avons plutôt proposé d'attendre que l'atelier évolue pour voir si elle trouverait la réponse à ses questions. En exprimant notre refus de lui répondre, nous avons d'abord mar-qué un silence de quelques secondes, puis posé un regard compatissant sur cette personne. Nous l'avons reconnue, elle, et avons donné une résonance à sa question, soulignant ainsi qu'elle était pertinente. Nous avons valorisé sa curiosité et son intelligence en l'invitant à trou-ver ses propres réponses à travers les exposés et les exercices qui allaient suivre. Et c'est tou-jours avec beaucoup de compassion que nous avons répété ce processus à quelques reprises au cours des trois journées de cet atelier.

En plus de tenir compte de l'impatience de certains membres du groupe, nous avons, en un instant, permis aux autres participants de porter eux aussi un regard compatissant sur cette personne. Par la suite, l'ensemble du groupe a pu découvrir quelle belle personne elle était et ainsi établir une relation positive et forte avec elle.

En tant que leader du processus de CG, vous devez reconnaître les forces et la richesse des personnes qui sont en face de vous. C'est là la première atti-tude à adopter pour influencer les autres dans leurs relations interpersonnelles. Nous constatons par expérience que cette qualité surpasse bien souvent toutes les techniques dites « efficaces » de communication.

Dans un exercice visant à résoudre un conflit datant de quinze ans entre deux employés d'une grande entreprise, le regard et l'attitude adoptés par rapport aux protagonistes ont per-mis à chacun de percevoir et reconnaître cer-taines qualités et forces de « l'autre partie », et ainsi de modifier les jugements qu'il avait d'abord portés, puis renforcés au fil du temps. Au-delà des interventions que nous avons faites, c'est d'abord cette disposition à reconnaître les forces et les ressources de Benjamin et Gabriel qui nous a permis de résoudre le conflit. Bien que très différents, ils sont dès lors devenus, et sont toujours des collègues disposés à collaborer dans un esprit positif.

Si le leader du processus de CG peut influencer ses liens avec les autres par l'attitude qu'il entretient envers chacun d'eux, il peut également influer sur les interrelations des membres du groupe. L'attitude du leader du processus de CG devient en effet contagieuse avec le temps, et d'autres leaders naturels peuvent spontanément, par leur exemple, contribuer à créer une force aussi positive qu'exponentielle.

COMPRENDRE LES BESOINS, C'EST CRÉER LA SOLUTION

La cause apparente d'un problème dans une équipe tient souvent à un comportement ou à une stratégie observable et imputable à un individu ou à un groupe. « Si ce directeur agit de telle façon, c'est pour telle raison. » Or, cette logique de cause à effet linéaire, selon laquelle l'individu serait déterminé par une « prédisposition », est sérieusement mise en doute.

Au lieu de chercher des explications directes aux problèmes, essayez de comprendre les besoins qui sous-tendent les comportements et les stratégies des gens. Une intervention de changement axée sur les besoins à l'origine des comportements favorise la recherche de solutions plutôt que de lacunes ou de manquements.

Quel effet la personne cherche-t-elle à créer au juste par ce comportement ?

CAS VÉCU

Dans un contexte de conflit au sein d'une équipe de travail, une employée prénommée Madeleine avait la fâcheuse habitude d'observer les autres dans le but avoué de les prendre en défaut. De plus, elle se plaignait constamment de ses collègues, pointant du doigt leur « incompétence ». La situation durait depuis des mois. Selon plusieurs intéressés, la cause du problème était claire : c'était « Madeleine » ! D'autres, plus modérés, blâmaient plutôt « son comportement » ! En y regardant de plus près, nous avons découvert que Madeleine avait un profond besoin de reconnaissance. Elle ne nommait pas son besoin; elle n'en avait même pas conscience ! Mais il était tout de même

criant. À partir du moment où les interventions ont tenu compte de son besoin, le conflit s'est résorbé en quelques jours.

Quel besoin cherchons-nous à combler au juste ?

LES INTERRELATIONS ET LA COLLABORATION GÉNÉRATIVE

Par un leadership de congruence, en portant attention aux caractéristiques propres à chaque pôle de responsabilité et en ayant conscience de votre impact sur l'ensemble du groupe, vous constaterez que vous n'êtes pas seul à gérer le processus de collaboration générative et que la responsabilité de le faire avancer se partage à plusieurs. Certains « leaders auxiliaires » émergeront nécessairement. Vous n'aurez alors qu'à maintenir le cap sur la vision coconstruite en équipe et à vous concentrer sur les interrelations qui risquent parfois de ralentir le processus. Au chapitre suivant, nous verrons comment faire face à certaines difficultés qui pourraient survenir.

QU'EST-CE QUI CARACTÉRISE LES LEADERS D'INFLUENCE ?

Les leaders d'expérience ont développé leur savoir-être et des qualités de communication efficaces. Ils peuvent à la fois être conscients d'eux-mêmes et des autres, tout en demeurant centrés sur l'objectif à atteindre, en souplesse. Ils possèdent une bonne connaissance des humains et de leurs réactions. Ils savent comment poser des questions et formuler des demandes pour faire évoluer les dynamiques de groupe.

Ça vous semble inatteignable ? Rassurez-vous ! Avec du temps, de l'expérience et de la bonne volonté, vous pourrez développer pleinement ces savoir-être. Gardez en tête de faire vôtres les six visages suivants.

■ LES SIX VISAGES DU LEADER FLEXIBLE

Le leadership de l'innovation n'a pas qu'un seul visage. Voici les six visages avec lesquels se présente le leader :

1. il navigue entre les six paradoxes de l'innovation;

2. il possède de l'acuité sensorielle et va dans le « modèle du monde » des autres;

3. il génère une créativité abrasive;

4. il fait preuve d'agilité créative;

5. il prend des décisions intégratives;

6. il est authentique et bienveillant.

VISAGE N° 1 : IL NAVIGUE ENTRE LES 6 PARADOXES DE L'INNOVATION

Un paradoxe est une dualité qui semble irréconciliable entre deux pôles opposés, mais en fait complémentaires. Exercer un rôle de leader dans le contexte de la collaboration générative exige d'être flexible et de naviguer entre les six paradoxes de l'innovation identifiés par Linda Hill et ses collègues en 2014 :

LIBÉRER (DIVERGER)	←→	CONTENIR (CONVERGER)
Individuel	←→	Collectif
Appui	←→	Confrontation
Expérimentation	←→	Performance
Improvisation	←→	Structure
Patience	←→	Urgence
Émergence	←→	Autorité

Le leader de l'innovation doit faire preuve d'un maximum de flexibilité entre ces deux pôles, le premier ayant pour effet de « libérer » (de l'anglais unleash, litt. « retirer la laisse », et le second, de « contenir » (de l'anglais harness, litt. « tenir en laisse »).

Paradoxe n° 1. Individuel vs collectif

Dans le contexte de la CG, la plupart des idées sont d'abord considérées par le groupe, pour ensuite être abandonnées, adoptées en partie ou combinées à d'autres idées afin de produire quelque chose de différent. Le leader réussit à faire sentir aux membres du groupe qu'ils font partie d'un tout plus grand qu'eux, sans toutefois devoir renoncer à leur individualité. Pour ce faire, il valorise ouvertement et publiquement tous les contributeurs, et ce, même quand leur idée est rejetée. Le leader incarne un idéal de communication ouverte où tous sont invités à partager leur perception à tout moment.

Le produit final d'une équipe n'appartient à personne en particulier. Il s'agit vraiment d'un résultat collectif. Le leader du processus prend bien soin, toutefois, de reconnaître l'apport de chacun tout au long du parcours. Le « je » et le « nous » coexistent équitablement.

Paradoxe n° 2. Appui vs confrontation

Comment un leader peut-il soutenir les gens dans leur démarche d'expression spontanée tout en encourageant les membres du groupe à remettre toutes les idées en question ? Pour naviguer dans ce paradoxe, le leader doit constamment rappeler à tous qu'une idée peut être rejetée, mais pas la personne qui l'a formulée. Il doit avoir la sensibilité voulue pour détecter ceux qui voient la confrontation comme une marque de conflit et pour recadrer au besoin la dynamique de remise en question sous l'angle de la collaboration générative. (Voir le deuxième visage).

La valse incessante entre appui et confrontation prend tout son sens dans la perspective de l'objectif commun à atteindre. La troisième partie de l'ouvrage traite d'ailleurs plus à fond de cette dimension.

Paradoxe n° 3. Expérimentation vs performance

Étant donné que dans un contexte d'innovation, personne ne connaît le résultat à l'avance, ni parfois même le chemin à emprunter, comment stimuler la performance tout en s'attardant à la définition d'un but, à l'élaboration d'un plan et à la mesure des progrès de manière à ajuster le tir jusqu'à ce que le but soit atteint ? Le mode de gestion axé sur la performance ne s'applique généralement pas à l'innovation !

L'innovation demande d'expérimenter, d'en tirer des apprentissages, et d'être ouvert à changer de chemin plusieurs fois. Elle demande un investissement de temps, d'énergie et de ressources. Or, aucune entreprise n'a de temps, d'énergie, ni de ressources à gaspiller. Le leader est évalué en fonction des résultats obtenus, et il lui appartient de déterminer quelles pistes d'exploration doivent être abandonnées au profit de celles qui méritent des efforts supplémentaires. Il doit en outre s'assurer que les apprentissages sont bien intégrés et mis en pratique. Une bonne façon pour lui de se positionner dans le continuum entre l'expérimentation et la performance consiste à partager régulièrement les grandes lignes des actions entreprises avec l'ensemble du groupe, et de situer les initiatives et les efforts déployés par rapport aux échéanciers et aux budgets.

Paradoxe n° 4. Improvisation vs structure

L'innovation s'apparente plus à un groupe de jazz en improvisation qu'à une fanfare militaire. Le leader accompagne une équipe qui a un thème à explorer sans partition écrite à l'avance. Cela dit, l'improvisation en soi ne peut être le mode opératoire d'une équipe ou d'une organisation, car elle mènerait au chaos. Tous ont besoin de savoir clairement qui a le pouvoir de décider quoi et quand. L'échéancier, le budget et les décisions intégratives doivent tout naturellement être pris en compte par le gestionnaire de l'équipe. Et si l'expérimentation peut bel et bien être improvisée, la collecte d'informations issue des succès et des échecs doit, de son côté, être rigoureusement structurée.

Paradoxe n° 5. Patience vs urgence

La créativité suit son propre rythme. Pour prendre des décisions intégratives, il faut un certain temps d'intégration, et donc du recul. Par ailleurs, dans un monde compétitif, il y a aussi de l'urgence. Dans un contexte hypothétique où il s'agit de choisir entre trois options, plusieurs gestionnaires tenteront d'éliminer une option le plus rapidement possible pour ensuite pondérer les deux autres. Le leader du processus de CG va par contre garder les trois options le plus longtemps possible en tentant de faire émerger un alliage nouveau combinant le génie propre à chacune des options. C'est là le genre de situation tendue où l'attente fait parfois dire aux gens : « On a besoin de vrai leadership ici ; mon patron ne prend pas de décisions, il hésite trop longtemps ! » Décider trop rapidement ou passer au vote pour prendre une décision conforme au souhait de la majorité ne permet habituellement pas de dégager la solution la plus innovante. Néanmoins, plus les idées divergentes restent longtemps sur la table, plus l'inconfort des gens grandit et plus la pression sur le leader augmente. Ce dernier doit donc savoir prendre position entre patience et urgence au cas par cas.

Paradoxe n° 6. Émergence vs autorité

Lorsque les employés à la base d'une organisation ne peuvent pas exprimer leurs idées, l'organisation ne peut être innovante. L'émergence de la base vers le sommet (*bottom-up*) est en effet essentielle à cet égard. Les organisations innovantes remplacent d'ailleurs souvent les conventionnelles structures hiérarchiques par des structures plus horizontales et matricielles où le leadership d'influence compte au même titre que l'autorité hiérarchique. Cela dit, la hiérarchie existe même dans les organisations les plus innovantes, mais on l'invoque de façon sélective, soit en cas de nécessité seulement. Et les cas en question relèvent généralement d'enjeux essentiels à la poursuite du processus de collaboration générative. L'exercice de l'autorité, en vertu duquel l'information descend unilatéralement du haut vers le bas (*top-down*), a donc aussi son importance, notamment pour :

- faire en sorte qu'un groupe demeure attentif à la raison d'être et aux besoins de l'organisation;
- intervenir avec force quand quelqu'un contrevient aux règles d'engagement;
- remédier sans détour aux conflits de personnalités ou aux climats malsains.

Le leader innovant n'hésite pas non plus à mettre de la pression pour bonifier la qualité, et il n'accepte ni les compromis ni le nivellement par le bas.

VISAGE N° 2 : IL POSSÈDE DE L'ACUITÉ SENSORIELLE ET VA DANS LE MODÈLE DU MONDE DE L'AUTRE

L'acuité sensorielle est une des qualités utiles à développer pour bien saisir les gens. Grâce à elle, le leader du processus de CG peut déceler les caractéristiques de chaque pôle de responsabilité dans les interrelations. En regardant, en écoutant et en se synchronisant sur ce que ressentent les autres, il peut savoir s'ils sont en accord ou en désaccord avec le déroulement du processus au-delà des mots exprimés. Il peut ainsi « prédire » les pièges comme les pistes d'évolution avant que les autres en prennent conscience. Cette habileté lui permet de sécuriser les participants et de les

guider adéquatement en restant un ou deux pas devant eux.

L'acuité sensorielle permet au leader de facilement comprendre l'autre à partir du point de vue de ce dernier. Autrement dit, il sait se mettre à la place de l'autre et accéder à son modèle du monde. Sans être nécessairement d'accord avec l'autre, il est ainsi en mesure de faire à tout le moins preuve d'empathie envers lui.

VISAGE N° 3 : IL GÉNÈRE UNE CRÉATIVITÉ ABRASIVE

Les leaders favorisent les débats parfois musclés que soulèvent les idées radicalement opposées. Ils sont à même de gérer les émotions négatives suscitées par les débats le temps qu'il faut pour résoudre les antagonismes. Les chocs d'idées étant au cœur de l'innovation, le leader les anticipe et les accueille plutôt que de chercher à les éviter par malaise.

Pour générer une créativité abrasive au sein d'un groupe, le leader doit avoir la capacité d'instaurer et de maintenir un climat dans lequel les idées riches et divergentes peuvent coexister et s'entrechoquer. Il y a abrasion lorsque deux surfaces se frottent l'une contre l'autre. De même, au contact l'une de l'autre, les idées s'entrechoquent, se transforment, s'intègrent et évoluent. La créativité abrasive s'accompagne ainsi d'un degré variable de désaccords, de disputes et de joutes oratoires, de sorte qu'elle ne peut être saine que dans le contexte coconstructif décrit dans ce livre. Le leader du processus de collaboration générative facilite ainsi une saine compétition entre les idées rivales afin de faire émerger la meilleure idée au service du projet.

Il convient ici de noter que la créativité abrasive n'est pas synonyme de remue-méninges (*brainstorm*). Ce dernier vise en effet à générer le plus d'idées possible, sans évaluation comparative et critique des idées lancées.

VISAGE N° 4 : IL FAIT PREUVE D'AGILITÉ CRÉATIVE

L'agilité créative tient à la capacité du leader à rapidement amener l'équipe à expérimenter dans l'action les pistes les plus porteuses et à la guider dans les apprentissages à tirer de ses succès et de ses erreurs. Ce faisant, le leader valorise une approche systématique poussant à poser une action, à réfléchir à l'action entreprise et à explorer par la suite une nouvelle piste d'action intégrant les apprentissages acquis. Et le cycle se répète.

Tout l'art de l'agilité créative réside dans la délégation et l'art du questionnement. Elle exige en outre du leader qu'il sache au besoin prioriser une approche essais-erreurs par rapport à une approche planifiée dans le détail, d'où l'importance de naviguer entre improvisation et structure.

VISAGE N° 5 : IL PREND DES DÉCISIONS INTÉGRATIVES

Le leader du processus de CG ne pense pas en termes d'«un OU l'autre», mais plutôt en termes d'«un ET l'autre». Loin de rechercher le consensus, ses décisions se veulent intégratives, c'est-à-dire fondées sur des perspectives disparates, divergentes, voire opposées. Il distingue clairement les impératifs hiérarchiques de la liberté à communiquer. Ainsi, tout en veillant à respecter les budgets et les échéanciers, il tolère et encourage les explorations et les expérimentations qui semblent s'écarter de la feuille de route. Cela dit, quand il faut trancher, il sait aussi trancher, mais jamais sans avoir donné toute la latitude voulue à ses employés ou à ses collaborateurs pour discuter franchement à l'intérieur des balises opérationnelles et stratégiques correspondant aux besoins de l'organisation.

VISAGE N° 6 : IL EST AUTHENTIQUE ET BIENVEILLANT

Il est pour ainsi dire impossible de satisfaire ces deux critères de façon constante. De fait, nous avons tous une variété de rôles à jouer qui nous amènent à emprunter divers masques sociaux selon le temps et les circonstances. Nous reproduisons en outre des comportements observés chez les autres qui nous éloignent parfois de notre nature. Nous avons même parfois recours à des « façades » pour protéger certaines zones de vulnérabilité. Personne n'y échappe ! Ainsi, même pour les leaders les plus chevronnés, la recherche d'authenticité demeure un travail constant.

Un leader authentique en est un qui assume pleinement son pôle de responsabilité dans les interrelations, qui dit ce qu'il fait et fait ce qu'il dit, sans se défiler s'il lui arrive de commettre une erreur. Il s'attire ainsi respect et sympathie, deux atouts précieux pour qui désire devenir – ou demeurer – le leader d'un processus de collaboration générative.

Quant à la bienveillance, elle tient à la faculté de reconnaître la beauté, les forces, les qualités et les ressources de chacun. Elle s'exprime tant dans le geste que dans le regard, et fait sentir à l'autre qu'il a sa place, que sa contribution est importante. Le leader bienveillant s'empresse aussi de souligner les bons coups de ses coéquipiers. Comme le dit Spencer Johnson dans le best-seller *The Minute Manager*, «il cherche continuellement à attraper les gens en train de faire quelque chose... de bien!» Le simple fait de mettre les bons coups et les réussites en évidence peut grandement renforcer l'identité de chacun et le processus de CG.

Dans la foulée de Robert Dilts, nous qualifions de «parrainage» l'attitude bienveillante du leader, en ce sens qu'elle vise à systématiquement soigner sa relation avec l'autre sur fond de sincérité et d'empathie. Formuler des demandes plutôt que des exigences, c'est démontrer clairement qu'on endosse la responsabilité de son pôle dans les interrelations et qu'on a conscience des besoins de ses collaborateurs, qu'on les soutient dans leur cheminement. Il n'y a pas de meilleure façon d'amener ses coéquipiers à servir à la fois leurs besoins égoïstes et la vision poursuivie par le processus de collaboration générative.

COLLABOREZ DANS LE PLAISIR!

Aux six visages du leader présentés dans ces pages, nous aimerions en ajouter un septième, si important qu'il mérite de faire classe à part: le leader du processus de collaboration générative a le sens de l'humour!

L'humour agit sur chacune des caractéristiques essentielles précédemment citées de même que sur l'ensemble des principes mis de l'avant dans ce livre! L'humour dédramatise en effet les situations tendues et module l'ambiance. À lui seul, il résout des conflits et permet davantage de flexibilité. Rire avec l'autre, c'est aussi reconnaître son intelligence et son humanité. Nous ne sommes pas des machines à collaborer, même de façon générative!

Je ne sais pas toujours si j'ai raison, mais je peux vous dire que plus de gens me suivent quand je les fais rire que quand je les embête!

COMMENT ACQUÉRIR LE POUVOIR D'INFLUENCE DU LEADER ACCOMPLI?

Qu'allez-vous prioriser pour vous-même devenir un leader d'influence? Sachant que l'établissement de relations interpersonnelles de qualité constitue l'élément le plus important et le plus productif d'un processus de CG, comment allez-vous vous y prendre pour atteindre cet idéal?

Tous les bons leaders ont préalablement fait un travail important sur eux-mêmes, et ils poursuivent une démarche d'amélioration continue.

vie des grands maîtres, de leaders politiques ou sportifs. Étudiez leurs attitudes et leurs comportements.

Songez aussi à amorcer une démarche personnelle auprès d'un coach compétent. Donnez-vous cette importance ! Facilitez-vous la vie !

L'INCONTOURNABLE DÉMARCHE DE CROISSANCE

Posez-vous les questions suivantes :
- Avez-vous conscience de l'impact que vous avez autour de vous ?
- Provoquez-vous des réactions que vous préféreriez ne pas provoquer ?
- Aimeriez-vous susciter des réactions que vous ne parvenez pas à susciter ?

La première étape pour prendre votre évolution en main consiste à vous voir tel que vous êtes. Seul un regard objectif et exempt de jugement vous permettra en effet de déterminer où vous êtes et où vous voulez être.

Évaluez vos comportements en observant les réactions des autres en votre présence. Quel message ces réactions vous renvoient-elles ? Validez vos impressions avec vos interlocuteurs.

Observez aussi les autres. Y a-t-il des personnes particulièrement inspirantes autour de vous ? Avez-vous eu l'occasion d'assister à des conférences ou de prendre part à des ateliers menés par des communicateurs d'exception ? Vous a-t-il été donné de voir à l'œuvre des leaders exceptionnels ? Tirez-en des leçons. Regardez aussi des films sur la

LA CONSCIENCE DU CŒUR

Un des apprentissages les plus importants de votre démarche de développement professionnel est celui qui vous permet de reconnaître vos propres émotions. Ne vous arrive-t-il pas de persister à agir de façon insatisfaisante malgré la tension qui noue votre estomac ou qui crispe vos épaules ? Il se peut même parfois que vous n'ayez pas conscience de l'émotion qui vous habite, non plus que du stimulus déclencheur d'une émotion particulière.

Tous les bons joueurs de poker savent mesurer l'état émotionnel de leurs adversaires à partir de micro-indices, et tentent ainsi de déterminer jusqu'où ils peuvent pousser la mise. Savoir identifier précisément vos émotions et leurs déclencheurs s'avère essentiel pour ajuster vos comportements et anticiper votre impact sur les autres.

Le cœur est une boussole qui ne ment jamais. La capacité à identifier ses émotions et les besoins sous-jacents, de même qu'à se fier à ces données pour déterminer comment agir fait partie des apprentissages incontournables sur le chemin de la sagesse.

LIMITER LES IRRITANTS

Avant de conclure ce chapitre sur les interrelations saines, fortes et positives, nous aborderons un dernier point avec vous. Étant donné que les interrelations sont au cœur du processus de collaboration générative, vous ne pouvez vous permettre de laisser des irritants structurels détruire ce que vous mettez en place au fur et à mesure de votre démarche.

Félix Leclerc disait que la meilleure façon de tuer quelqu'un, c'est de l'empêcher de travailler en lui donnant de l'argent. Nous aimerions le paraphraser en disant que la meilleure façon de tuer la créativité, c'est de solliciter la contribution d'un coéquipier... tout en lui donnant l'impression qu'il est inutile! Donner des coups d'épée dans l'eau tue la créativité dans l'œuf!

Les comportements de chaque participant au processus doivent être en lien étroit avec la vision de l'équipe pour promouvoir l'engagement et susciter le désir de donner le meilleur de soi-même. Peu importe la nature du projet, le leader du processus de CG a la responsabilité de limiter les irritants à la créativité. Les membres de l'équipe doivent pouvoir, dans les limites de leur description de tâches, produire l'impact qu'ils désirent! Pourquoi limiter le potentiel créatif de son équipe?

 Synthèse 6

- L'ouverture à l'autre repose sur la capacité à nettoyer ses filtres et à valider ses perceptions. Ces pratiques permettent de mieux voir l'autre dans toute sa splendeur.
- La relation entre deux personnes est une interrelation qui comporte un lien et deux pôles de responsabilité.
- Il y aura toujours deux fois plus de pôles de responsabilité que de relations. Il importe avant tout d'être responsable de son pôle de responsabilité.
- Le leadership par l'exemple est le plus puissant que vous puissiez développer. Il consiste avant tout à être responsable de son propre pôle dans les interrelations.
- Les 6 visages du leader flexible:

  1. il navigue entre les six paradoxes de l'innovation;
  2. il possède de l'acuité sensorielle et va dans le «modèle du monde» des autres;
  3. il génère une créativité abrasive en encourageant les débats de fond;
  4. il fait preuve d'agilité créative en encourageant l'apprentissage par l'action en équipe;

  5. il prend des décisions intégratives; il ne recherche ni le consensus ni un compromis, mais plutôt l'intégration des idées divergentes; et quand il faut trancher, il sait le faire;
  6. il est authentique et bienveillant; il est en contact avec son cœur et avec celui des autres.
     ... Et il développe son sens de l'humour!

- L'essentielle démarche de développement personnel du leader du processus de CG passe par la conscience du cœur.
- Songez à limiter les irritants: évitez de vous ajouter du travail!

- Qu'est-ce qu'un pôle de responsabilité ?

- Dans une équipe de dix, combien y a-t-il de pôles de responsabilité ? Combien y a-t-il de liens ?

- Comment pouvez-vous influencer les interrelations ?

- Lequel des six visages du leader choisirez-vous personnellement de développer en premier lieu ?

- Selon vous, lequel des paradoxes présentés exigera de votre part le plus de travail d'intégration quant à vos attitudes et vos gestes ? Réfléchissez à la façon dont vous pouvez faciliter cette intégration en vous.

- Amusez-vous à intégrer les autres paradoxes dans vos attitudes et vos gestes quotidiens. Comment pensez-vous tous les intégrer ?

- Comment pouvez-vous trouver le temps d'explorer vos émotions à travers les différents paradoxes ?

- Pouvez-vous nommer des irritants à la créativité dans votre équipe de travail ? Que pouvez-vous faire pour les limiter ?

Chapitre 7

LA **CONSCIENCE** DU **LEADER** DANS **L'ACCOMPAGNEMENT**

« Étudiez !
Efforcez-vous d'apprendre
toutes les théories que
vous pouvez ! Et oubliez-les
aussitôt que vous entrez
en contact avec un
être humain ! »

Carl Gustav Jung

S'il est extraordinaire de bien communiquer et de bien s'entendre, ce que vous voulez vraiment, c'est concevoir et réaliser des projets à même de produire des résultats exceptionnels, non ? Qu'est-ce que le leader doit toujours avoir à l'esprit pour assurer la cohésion du groupe et son évolution dans un contexte d'innovation ?

Au cœur des discussions, des échanges et des partages dans un groupe, toutes sortes de situations se présentent, apparemment plus complexes les unes que les autres. En tant que leader du processus de collaboration générative, à quoi devez-vous être attentif pour dénouer les impasses et faire avancer l'ensemble du groupe ? Quand une personne présente des comportements, disons, inattendus, comment pouvez-vous limiter les pertes d'énergie ?

Pour demeurer le leader du processus, il faut avoir en tête plusieurs grilles de référence permettant de rester sensible au plus grand nombre d'éléments possible, tout en assurant la cohérence avec la vision de l'équipe et ses autres membres.

Plusieurs dizaines de modèles sont susceptibles de vous aider à percevoir un maximum d'informations et à les classer de façon à les utiliser avec justesse et élégance en guidant le processus de CG. Dans ce chapitre, nous vous en présenterons quatre.

S'il importe de connaître certaines grilles de référence, encore faut-il les avoir à l'esprit dans le feu de l'action ! Elles représentent en quelque sorte votre filet de sécurité. Grâce à elles, vous vous sentirez en confiance, même au cœur des dynamiques de groupe les plus complexes.

Imaginez-vous face à une impasse : le processus semble paralysé. Si vous êtes branché sur les besoins de vos interlocuteurs et que vous êtes sensible à leur carte du monde, vous serez en mesure de rester calme et de vous souvenir que vous assistez à la rencontre de deux ou plusieurs modèles du monde. Il vous apparaîtra dès lors clairement que les différents protagonistes manifestent des comportements visant à répondre à des besoins légitimes.

Le premier modèle décrit le **moteur** même de l'innovation et se compose de trois engrenages, soit trois dynamiques en interaction constante dans les échanges entre les membres de l'équipe. Ces trois engrenages – évoqués au chapitre précédent – sont la créativité abrasive, l'agilité créative et la résolution intégrative. Ce sont les fondements de l'innovation et de la collaboration générative. Ce modèle permet de raffiner notre conscience des composantes de l'innovation afin de maintenir en tout temps le fragile équilibre entre les effets du choc des idées et les facteurs humains.

Le deuxième modèle de référence revêt la forme d'une grille d'analyse très simple servant à déterminer la **position relative** des individus dans un groupe. Elle permet de «cartographier» rapidement un groupe et de saisir en quoi certaines personnes influencent les comportements de l'ensemble. Elle établit la position que chacun adopte de façon subjective et souvent inconsciente par rapport aux autres, de même que celle qu'il projette dans ses interactions.

Le troisième modèle de référence est un outil d'analyse du comportement qui permet de situer clairement le présent, le passé, le futur, l'ici et l'ailleurs. En questionnant le **temps et l'espace**, cette grille permet de s'interroger sur les différentes sources d'influences qui affectent ce que nous observons dans l'ici et le maintenant.

Le quatrième modèle, complémentaire aux trois précédents vous aidera à prendre différentes **positions perceptuelles** afin de mieux comprendre ce que vivent les autres, et ainsi déterminer les questions appropriées à poser pour dénouer les impasses potentielles.

LE PREMIER MODÈLE : LES TROIS ENGRENAGES DE LINDA HALL ET COLL.

S'il veut créer un environnement dans lequel les gens sont aptes à faire le

■ LE MOTEUR DE L'INNOVATION : LES 3 ENGRENAGES

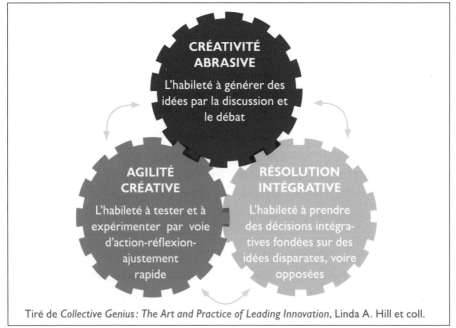

CRÉATIVITÉ ABRASIVE

L'habileté à générer des idées par la discussion et le débat

AGILITÉ CRÉATIVE

L'habileté à tester et à expérimenter par voie d'action-réflexion-ajustement rapide

RÉSOLUTION INTÉGRATIVE

L'habileté à prendre des décisions intégratives fondées sur des idées disparates, voire opposées

Tiré de *Collective Genius : The Art and Practice of Leading Innovation*, Linda A. Hill et coll.

nécessaire pour innover, le leader doit développer et continuellement renforcer chez ses coéquipiers les trois aptitudes que sont la créativité abrasive, l'agilité créative et la résolution intégrative. La représentation graphique de ces trois habiletés en interaction rappelle une série d'engrenages mécaniques, et ce n'est pas une coïncidence, car elles forment le moteur de l'innovation.

« Je te respecte profondément ET... je cherche à écraser ton idée avec la mienne ! »

ENGRENAGE N° 1. LA CRÉATIVITÉ ABRASIVE

Pour favoriser la créativité abrasive, le leader doit être en mode à la fois de soutien et de confrontation. Il doit encourager les collisions entre les idées divergentes tout en veillant au respect des personnes. Le leader du processus de CG doit être en tout temps conscient de la démarche dans laquelle les gens sont engagés lorsqu'ils cocréent ensemble.

ENGRENAGE N° 2. L'AGILITÉ CRÉATIVE

Il s'agit de la capacité du leader à encadrer le difficile travail consistant à tester différentes options, à apprendre des succès et des revers, et à recommencer, encore et encore. Il s'agit de découvrir ce qui fonctionne réellement en apprenant par l'action et en peaufinant différentes pistes de solution.

« Quoi que vous rêviez d'entreprendre, commencez-le. L'audace a du génie, du pouvoir et de la magie. »
GOETHE

Le leader du processus de CG doit garder à l'esprit qu'un certain degré de structure aide l'équipe à produire quelque chose de valable. Il doit constamment se demander : « À quel point dois-je structurer le travail ? » En accord avec Linda Hill, la réponse que nous proposons est que la liberté d'expérimentation doit être combinée à une collecte rigoureuse, objective et systématique de données relatives aux résultats des expérimentations. Pourquoi notre tentative a-t-elle échoué ? Sur quelle base peut-on dire que ce prototype est meilleur que le précédent ? Quels sont nos indicateurs de progrès ?

« Le génie est fait de 1 % d'inspiration et de 99 % de transpiration. »
THOMAS EDISON

ENGRENAGE N° 3. LA RÉSOLUTION INTÉGRATIVE

Croyez-vous qu'une fois la solution cernée et raffinée par le dialogue et les débats d'idée (créativité abrasive), puis testée et trouvée capable de passer l'épreuve de l'expérimentation (agilité créative), il ne reste plus qu'à l'appliquer ? Eh bien, détrompez-vous !

Si tout l'art de l'innovation consiste à combiner différentes idées, souvent en apparence mutuellement exclusives, le leader doit veiller à ce que quelqu'un prenne des décisions et mette un point final aux débats et aux expérimentations. L'art du leadership repose ici sur la capacité de rallier les collaborateurs autour de décisions intégrant des paradoxes, décisions parfois contraignantes, mais honnêtes et transparentes.

Tout en gardant ce moteur de l'innovation au centre de ses préoccupations, le leader doit aussi se montrer sensible aux enjeux de pouvoirs et à la façon dont les gens se positionnent les uns par rapport aux autres, ou ce qu'on appelle les « positions relationnelles ».

> **« J'ai appris que les gens vont oublier ce que vous avez dit, que les gens vont oublier ce que vous avez fait, mais que les gens ne vont jamais oublier comment vous les avez fait sentir. »**
> Maya Angelou

LE DEUXIÈME MODÈLE : LES POSITIONS RELATIONNELLES D'ÉRIC BERNE

Le deuxième modèle que nous vous présentons est tiré des travaux d'Éric Berne sur l'analyse transactionnelle (AT), qui nous invite à observer comment les personnes se situent les unes par rapport aux autres.

Imaginez que vous ayez une difficulté quelconque et que vous cherchiez de l'aide pour résoudre votre problème. Vers qui vous tournez-vous spontanément ? Quelle perception de l'autre devez-vous avoir pour accepter son aide et lui confier votre problème ? Vous devez nécessairement être convaincu que cette personne est en mesure de vous aider et susceptible d'accepter de le faire. Selon la nature du problème, il pourrait en outre s'agir d'un plus petit que vous, d'un égal ou d'une personne devant posséder une compétence que vous n'avez pas pour vous sortir du pétrin.

Que se passera-t-il si votre perception de la seule personne disponible pour vous aider est au contraire défavorable, que ce soit parce que vous n'avez pas confiance en elle, parce que vous ne l'estimez pas suffisamment outillée ou compétente pour vous aider, ou pour quelque autre raison ?

Le tableau suivant illustre la façon dont l'analyse transactionnelle classe les positions relationnelles possibles.

Le leader du processus de CG a nettement avantage à être conscient de la position qu'il adopte par rapport aux autres, ainsi que de la position prise par les autres par rapport à lui. En tant que leader, il est indéniable que vous avez aussi intérêt à avoir le plus d'information possible pour saisir comment les individus se positionnent les uns par rapport aux autres. Vous saurez ainsi qui est susceptible d'aider qui et comment. Vous décèlerez aussi à l'avance certaines difficultés potentielles, de même que les personnes qui travailleront le mieux ensemble.

Pierre, un collègue qui vous perçoit positivement, vous demande de le conseiller sur un aspect particulier d'un projet auquel il travaille. Vous n'avez pas de conseil pertinent à lui donner, mais vous savez que Monique possède l'expertise nécessaire pour l'aider. Vous lui suggérez donc tout naturellement d'entrer en contact avec elle, mais votre petit doigt vous dit que Pierre perçoit Monique très négativement. Pensez-vous qu'il saura bénéficier pleinement de son expertise?

Imaginez maintenant un gestionnaire qui fait naïvement confiance à tout son personnel et qui ne prend pas le temps d'observer les interrelations de ses employés sur le plancher de l'usine. Son chef électricien lui ayant fait part d'un problème, il lui demande d'aller voir son chef mécanicien pour élaborer une solution avec lui. Ce

■ LES POSITIONS RELATIONNELLES DE L'ANALYSE TRANSACTIONNELLE (AT)

Chaque quadrant de ce tableau correspond à une position que nous pouvons adopter par rapport à une autre personne.

+/- **A**	+/+ **B**
SUPERDIRIGEANT	PARRAINAGE
Moi + l'autre -	**Moi + l'autre +**
Dans la position A, vous êtes dominant. Vous vous sentez supérieur à l'autre, à moins que ce soit l'autre qui vous estime supérieur à lui.	Dans la position B, le rapport avec l'autre est gagnant-gagnant. C'est le rapport à favoriser autant que possible pour susciter la collaboration générative.
-/- **C**	-/+ **D**
TOUS PERDANTS	GESTION «LAISSER FAIRE»
Moi - l'autre -	**Moi - l'autre +**
Dans la position C, personne n'a confiance en personne. Vous n'avez pas confiance en vous et, comme l'autre n'a pas confiance en vous non plus, vous vous retrouvez rapidement face à un mur. Il s'agit d'une position désespérée, de sorte que le soutien d'une tierce personne est indispensable pour s'en sortir.	Dans la position D, soit vous doutez de vous par rapport à l'autre, soit l'autre vous considère inférieur à lui. Dans un cas comme dans l'autre, vous avez tendance à adopter des comportements de soumission, de fuite ou de défense

gestionnaire n'a toutefois pas l'acuité sensorielle pour saisir le pôle de responsabilité respectif de ses deux chefs. Il ne connaît pas non plus la grille de l'AT, et ignore donc que les deux chefs sont à la position A de cette grille. Que se passera-t-il d'après vous? Dans le meilleur des cas, il pourrait y avoir une collaboration minimale entre eux, mais il est plus probable qu'une compétition s'installe ou qu'il y ait absence totale de collaboration entre eux. Le chef électricien, le chef mécanicien et le gestionnaire se retrouvent tous perdants, et l'entreprise perd temps et argent. En pareille situation, comment auriez-vous pu éviter ce piège?

L'exemple qui précède nous rappelle l'importance de la maxime «Ralentir pour aller plus vite...», que nous bonifions ici en ajoutant: «... et réduire les coûts.»

Le leader du processus de CG doit, en toute conscience, influencer le processus de telle sorte qu'il s'oriente toujours vers la position B, où tous seront gagnants les uns par rapport aux autres.

Pour résoudre l'impasse de l'exemple ci-dessus, nous avons posé des questions au chef électricien et au chef mécanicien pour les aider à mieux comprendre comment ils fonctionnaient l'un par rapport à l'autre (position A), et nous les avons amenés à considérer de quelle façon ils pouvaient être complémentaires. En changeant leurs perceptions respectives et en attirant leur attention sur leur complémentarité, ils ont développé une relation positive et saine qui leur a permis de mieux travailler ensemble. Les deux chefs ne deviendront peut-être

jamais amis, et peut-être ne prendront-ils même jamais une bière ensemble après le travail. Mais à l'usine, il y aura entre eux une réelle collaboration générative.

La position du gestionnaire et l'AT
- *Quelle est la position du superdirigeant selon l'AT?*
- *Quelles peuvent être les positions du dirigeant de type laisser-faire selon l'AT?*

Il va sans dire qu'au quotidien, ces positions relationnelles ne sont pas aussi limpides et faciles à percevoir au sein d'une organisation. Nous constatons d'ailleurs le plus souvent qu'un coéquipier donné a une perception positive d'une partie de son équipe et une perception négative d'autres membres de cette même équipe.

En tant que leader, vous avez intérêt à garder à l'esprit la représentation la plus juste possible de la position de chacun par rapport aux autres. N'oubliez pas que rien n'est jamais réglé une fois pour toutes! Les gens sont dynamiques, et vous devez continuellement revoir vos perceptions en fonction du vécu de groupe et des nouvelles informations qui vous parviennent.

Une personne en relation avec d'autres se confronte à elle-même à tous les instants. Et chacune de ses relations se voit modulée par l'ensemble des événements de sa vie.

LE TROISIÈME MODÈLE : LE TEMPS ET L'ESPACE

La troisième grille que nous vous proposons est inspirée du courant de la Gestalt en psychologie.

CAS VÉCU

Un gestionnaire en coaching nous parlait du leadership qu'il exerçait sur son équipe et nous confiait qu'il désirait prendre davantage sa place auprès de ses coéquipiers, mais qu'il avait peur de le faire.

Curieusement, il nous donnait plusieurs exemples de situations où il arrivait très bien à s'exprimer, même si cela bousculait parfois les gens. Par contre, lorsque nous lui demandions de nous donner des exemples de cas où il n'y arrivait pas, il nous donnait toutes sortes d'explications logiques en dirigeant systématiquement et fixement son regard dans la même direction, sans s'en rendre compte.

À un moment donné, nous lui avons demandé ce qu'il voyait lorsqu'il fixait inconsciemment ce point dans l'espace. Après un instant d'hésitation, il nous a dit qu'il apercevait le visage d'une personne avec laquelle il avait eu une relation conflictuelle et émotionnellement troublante... 10 ans plus tôt ! Nous l'avons alors fait parler de cette expérience, et en la reliant à des expériences plus récentes, nous avons réalisé que cette image lui revenait en situation de stress. La représentation interne de cette expérience (VAKi-) venait le déranger au point où il n'ar-

rivait pas à trouver dans le présent la sécurité voulue pour s'exprimer. Il était paralysé et s'abstenait de toute action.

Dans cet exemple, le gestionnaire est influencé dans l'instant présent par une situation vécue à un autre moment, dans un autre lieu.

Nous avons tous avantage à tirer pleinement profit de nos ressources au moment présent ! Comment le leader du processus de CG peut-il influencer ses collaborateurs de manière à ce qu'ils soient ici et maintenant avec lui, et avec toutes leurs ressources et leur énergie ?

Quand vous êtes en relation avec les autres, votre attention peut varier selon que :

- vous avez pleinement conscience de ce qui se passe ici et maintenant ;
- vous êtes préoccupé par quelque chose qui se passe maintenant mais ailleurs (ex. : votre enfant est malade à la maison) ;
- vous vous souvenez d'une expérience vécue ici, mais à un autre moment ;
- vous êtes plongé dans vos souvenirs, absorbé par une expérience ayant eu lieu ailleurs et à une autre époque.

Regroupons ces cas de figure dans un tableau pour mieux saisir comment porter cette information à votre conscience et vous la rendre utile.

■ L'ESPACE-TEMPS DE L'INTERLOCUTEUR

ICI/ MAINTENANT	AILLEURS/ MAINTENANT	ICI/AUTRE TEMPS (PASSÉ ET FUTUR)	AILLEURS/ AUTREFOIS
La présence au groupe, dans l'instant présent	Les relations à l'extérieur du groupe, au moment présent	L'historique des interrelations dans le groupe et l'influence de la vision commune	L'influence de l'histoire personnelle de chacun des participants sur les relations dans le groupe

Les comportements observables manifestés par les coéquipiers ne sont pas uniquement le fruit de ce qui se passe ici et maintenant.

Votre intervention dans le groupe sera bien différente selon que le comportement manifesté par un participant est influencé par la dynamique de groupe « ici et maintenant » – par exemple, un coéquipier en interrompt un autre avant qu'il ait terminé d'exprimer son idée – ou que quelque chose se

■ L'ATTENTION DU LEADER DU PROCESSUS DE CG EN FONCTION DU TEMPS ET DE L'ESPACE

ICI/ MAINTENANT	AILLEURS/ MAINTENANT	ICI/AUTRE TEMPS (PASSÉ ET FUTUR)	AILLEURS/ AUTREFOIS
En tant que leader du processus de CG, vous concentrez votre attention sur l'ici et le maintenant.	Vous êtes sensible aux réactions des gens selon ce qui se passe dans leur vie personnelle. Ex.: Sont-ils préoccupés par un dossier? Comment va leur vie affective? Etc.	Vous gardez en mémoire l'histoire du groupe (passé) et la vision à réaliser (futur). Ex.: Est-ce qu'une personne a déjà été vexée dans ce groupe? Est-ce cela qui se rejoue actuellement pour elle? Que cherche-t-on à atteindre ensemble?	La personne a-t-elle un passé rempli d'événements difficiles? Est-elle particulièrement sensible à quelque chose de relié à son histoire de vie?

déroulant «ailleurs et maintenant» entre en ligne de compte – par exemple, un membre du comité de gestion en réunion quitte continuellement la salle pour répondre, cellulaire à la main, à des demandes urgentes de son unité.

Lorsque le problème relève de l'ici et du maintenant, que pouvez-vous faire?

Vous pouvez le plus souvent agir avec courage et mettre le processus au premier plan. Une réaction pouvant nuire au processus dans l'ici et le maintenant doit être traitée le plus tôt possible, préférablement ici et maintenant. Il s'agit pour ce faire d'ouvrir la discussion et de mettre le moteur de l'innovation en marche pour résoudre le problème rapidement. Sinon, vous devrez le gérer ici... plus tard! Ne laissez pas de sable entrer dans l'engrenage!

Lorsque le problème relève du maintenant et de l'ailleurs, que pouvez-vous faire?

Nous vous suggérons de communiquer avec la personne qui vit une situation difficile ailleurs dans sa vie et de lui offrir votre soutien pour l'aider à se recentrer sur les objectifs du groupe le plus rapidement possible. Dans certaines situations, il peut s'avérer nécessaire de recourir à un programme d'aide aux employés (PAE). Le fait de se sentir pleinement entendu dans l'expression d'une émotion permet un changement radical dans l'expérience subjective. Il suffit parfois de cinq minutes d'écoute attentive et de réconfort pour faire une différence marquée!

Dans les situations qui n'ont rien de tragique, il n'est pas question de jouer les thérapeutes, mais tout simplement d'aborder la personne seul à seul à un moment approprié et de lui demander comment elle va. Vous pouvez lui dire que vous avez remarqué qu'elle n'agissait pas exactement comme d'habitude et que vous vous préoccupez d'elle.

Lorsque le problème relève de l'ici et d'un autre temps, que pouvez-vous faire?

Vous devez agir sur-le-champ, faute de quoi le problème risque de s'amplifier. S'il est relié à la définition de la cible à atteindre, il faut vous projeter dans le futur et travailler à la vision collective du but. Par contre, si le problème résulte d'un événement passé, vous devez y revenir et prendre le temps de résoudre l'impasse ensemble afin de redevenir disponible au processus. Ce dernier ne peut avancer avec un boulet au pied!

Lorsque le problème relève de la personne et de son histoire, que pouvez-vous faire?

En tant que leader du processus de collaboration générative, vous pouvez suggérer à la personne de trouver une solution à sa situation, en lui offrant, par exemple, une démarche de coaching auprès d'un professionnel.

Vous décèlerez peut-être aussi des différences culturelles entre les coéquipiers dont les racines de l'ailleurs et de l'autrefois posent problème dans l'ici et le maintenant. Il faut alors mettre la situation en lumière avec respect et bienveillance, et trouver des terrains d'entente afin de construire une meilleure communication entre tous.

LA CONSCIENCE DU TEMPS ET DE VOTRE IMPACT SUR LE GROUPE

Cette grille suggère que nos actions dans l'ici et le maintenant influencent grandement ce qui se passera dans le futur. Elle vous incite à marquer un temps d'arrêt pour bien prendre conscience de votre impact selon l'espace dans lequel vous vous trouvez. Cette approche circonspecte permet de gagner un temps précieux en limitant les incidents qui pourraient nuire au processus d'équipe.

En tant que leader du processus, pouvez-vous analyser vos propres comportements passés et actuels, et ainsi déterminer l'impact que vous êtes susceptible d'avoir sur le groupe?

Victime d'un léger empoisonnement alimentaire, le leader du processus de CG choisit de partager son malaise avec le groupe dans l'ici et le maintenant. La verbalisation de son malaise permet de mieux maîtriser l'impact de son langage non verbal sur le groupe. Ses mimiques ne seront pas interprétées comme un manque d'écoute ou de respect.

Consultez cette grille régulièrement afin de développer l'habileté de la ramener automatiquement à votre esprit dans le feu de l'action.

LE QUATRIÈME MODÈLE: LES POSITIONS PERCEPTUELLES

Pour favoriser la collaboration générative dans un groupe, nous vous recommandons aussi de développer le réflexe d'analyser toutes les situations qui se présentent dans l'équipe à partir de différents points

■ VOTRE IMPACT SUR LE GROUPE EN FONCTION DES TEMPS DE RÉFÉRENCE

ICI/ MAINTENANT	AILLEURS/ MAINTENANT	ICI/AUTRE TEMPS (PASSÉ ET FUTUR)	AILLEURS/ AUTREFOIS
Comment puis-je gérer le groupe dans l'instant présent? Où vont mes pensées actuellement? Suis-je en contact avec le processus ici et maintenant?	Y a-t-il des choses qui me préoccupent personnellement en dehors du processus d'équipe? Comment puis-je rester présent et centré?	Dans quelle mesure dois-je tenir compte de l'histoire du groupe dans ce que je fais ici et maintenant? Ce que je fais est-il étroitement relié à l'atteinte de la vision d'équipe?	Quels sont les éléments de mon histoire qui peuvent m'influencer ici et maintenant? Quelles sont les ressources, les habiletés, les croyances qui m'ont déjà aidé dans une situation similaire?

de vue. Le fait de se mettre dans la peau de l'autre, de se regarder soi-même et d'examiner les situations dans leur ensemble en étant sensible aux états émotifs des différents coéquipiers permet de modifier sa propre perception de l'expérience et d'ouvrir la situation à des solutions possibles.

Lorsque nous sommes en relation, il y a quatre positions à travers lesquelles nous pouvons nous percevoir nous-mêmes ainsi que le groupe. Explorons-les ensemble.

LA POSITION 1

C'est la position dans laquelle vous êtes la plupart du temps, celle d'où vous voyez, entendez et ressentez les situations courantes de votre vie. C'est vous, dans votre peau. La caméra qui filme l'action, ce sont vos yeux.

LA POSITION 2

C'est la position de l'autre. Lorsque vous êtes en relation, c'est la position dans laquelle l'autre voit, entend et ressent les situations. Le leader d'expérience peut à tout moment se mettre dans la peau de l'autre afin de découvrir sa perspective, son expérience et aussi l'impact que peut avoir sur cette position celui qui est en P1, c'est-à-dire vous-même. Dans la P2, la caméra qui filme l'action, ce sont les yeux de l'autre – l'autre collaborateur, l'autre équipe, l'autre entreprise, l'autre pays...

LA POSITION 3

C'est la position « méta », celle de l'observateur qui regarde les deux premières positions (P1 et P2) interagir entre elles. Neutre, elle permet d'observer la situation dans son ensemble, sans jugement ni idée préconçue. Elle permet d'avoir un autre regard sur la situation, car la personne n'est pas engagée personnellement. Avec la P3, la caméra qui filme l'action est sur un trépied et elle capte l'ensemble des interactions.

LA POSITION 4

C'est la position qui permet d'observer les trois autres dans leur ensemble. Utile, elle permet au leader du processus d'avoir une vision encore plus large de la situation, en se percevant lui-même en tant qu'observateur (P3) des deux autres positions (P1 et P2). Il mesure ainsi son impact sur l'interaction.

Si une situation est très difficile pour vous et que vous vous sentez très impliqué émotionnellement, il se peut que vous ne puissiez être neutre en P3. La P4 devient alors utile pour cerner vos jugements et vos émotions par rapport aux comportements et aux émotions en cause dans la situation.

Imaginez un leader qui a une impression négative d'une situation entre deux autres personnes. L'observateur en P3 n'est alors pas neutre : même s'il ne dit rien, il fait partie intégrante de la dynamique relationnelle, et il l'influence ne serait-ce que par les jugements qu'il entretient. L'observateur, le phénomène observé et le processus d'observation lui-même forment un tout indissociable. En se plaçant en P4, le leader peut voir en quoi il influence le processus au moment d'observer une interaction.

— Êtes-vous toujours conscient de ce que révèle votre langage non verbal?

— Croyez-vous vraiment que vous choisissez tous les messages que vous communiquez?

— Vous arrive-t-il de sentir qu'une personne désapprouve intimement vos choix même si ce n'est pas ce qu'elle vous dit?

Les humains sont sensibles! Vous laissez transparaître plus que vous ne le croyez!

Imaginons un échange particulièrement abrasif avec un collègue. À première vue (P1), vous ne comprenez pas pourquoi il maintient son point de vue avec autant de vigueur. Vous prenez un moment pour vous mettre à sa place (P2) et réalisez en vous voyant que, lors des quatre dernières discussions que vous avez eues avec lui, vous étiez agité. Puisque vous connaissez bien cette personne, vous entendez en même temps le dialogue destructif qu'elle échafaude en son for intérieur et qui pourrait très bien l'immobiliser.

Soudain, vous vous questionnez sur votre attitude envers cette personne. Vous décidez alors d'explorer la situation à partir des yeux de votre patron

commun (P3). Vous réalisez qu'il exerce de la pression sur vous deux, voulant des résultats rapides. Vous prenez alors conscience d'une des causes de votre agitation au moment de parler à votre collègue.

Vous allez finalement en P4 et tentez d'avoir une vue encore plus globale de la situation. Vous comprenez alors que votre patron est en compétition avec un autre vice-président et qu'il transfère sa propre pression sur vous.

Comme vous le voyez, cet outil complémentaire peut facilement vous aider à prendre conscience de votre propre position à partir des yeux des autres. Il vous permet aussi d'entrer en contact avec la position de la grille AT de l'autre (+/- par exemple) de même que ses enjeux, lesquels pourraient par exemple relever de ses autres espaces de vie et venir de son passé. En ce sens, les positions perceptuelles bonifient la grille de l'AT et la grille du présent, passé, futur. Prendre le recul offert par la position P4 est parfois la seule façon de comprendre ce qui met du sable dans le moteur de l'innovation.

Voyons maintenant comment vous pouvez utiliser ces quatre grilles en les combinant de manière à orienter vos interventions pour obtenir des résultats gagnant-gagnant dans tous les cas.

- La créativité abrasive, l'agilité créative et la résolution intégrative sont les trois engrenages du moteur de l'innovation. Ce sont trois processus dynamiques que le leader doit anticiper, faciliter et avoir constamment à l'esprit pour favoriser l'innovation.

- Les positions relationnelles de l'analyse transactionnelle (AT) nous sensibilisent à la place que les gens prennent les uns par rapport aux autres.

- Le leader du processus de CG a nettement avantage à être conscient de la position relationnelle qu'il adopte par rapport aux autres, ainsi que de la position prise par les autres par rapport à lui.

- Le leader du processus de CG cherche à créer un climat relationnel gagnant-gagnant entre les individus.

- Le leader du processus de CG reste attentif aux considérations de temps et d'espace qui jouent à tout moment dans le processus de création et d'innovation.

- Les quatre positions temporelles dont il faut être conscient sont :
    1. Ici et Maintenant
    2. Ailleurs et Maintenant
    3. Ici et En d'autres temps
    4. Ailleurs et Autrefois

Selon chacune de ces positions temporelles, le leader doit adopter la bonne attitude pour faciliter le processus d'innovation en tenant compte de la dimension humaine.

- Les positions perceptuelles nous permettent d'explorer la vision et l'expérience des collaborateurs et des autres personnes impliquées dans la démarche.

- Les positions perceptuelles sont :
    - P1 : vous – vous-même, votre équipe, votre entreprise
    - P2 : l'autre – l'autre personne, l'autre équipe, le client, l'autre entreprise
    - P3 : l'observateur de l'interaction
    - P4 : l'observateur de l'observateur et de l'ensemble

LA CONSCIENCE DU LEADER DANS L'ACCOMPAGNEMENT

117

- Comment pourriez-vous pousser plus spontanément le questionnement à travers les discussions et les débats ?

- Comment pouvez-vous faire en sorte de prendre des décisions qui intègrent des positions apparemment opposées au départ ?

- Comment pensez-vous pouvoir tester vos idées en continu tout en poursuivant votre réflexion et votre travail quotidien ?

- Que risque-t-il de se passer si vous êtes dans une relation -/- avec un collaborateur ?

- Comment pouvez-vous aider quelqu'un qui se perçoit négativement par rapport à vous ?

- Que pouvez-vous faire pour aider des collaborateurs qui sont dans une relation -/+ ou +/- ?

- Lorsque le processus est interrompu en raison d'enjeux relevant de l'ici et du maintenant, que pouvez-vous faire ?

- Lorsque le processus est interrompu en raison d'enjeux relevant de l'ailleurs et du maintenant, que pouvez-vous faire ?

- Lorsque le processus est interrompu en raison d'enjeux relevant de l'ici et du passé, que pouvez-vous faire ?

- Lorsque le processus est interrompu en raison d'enjeux relevant de l'ici et du futur, que pouvez-vous faire ?

- Lorsque le processus est interrompu en raison d'enjeux relevant de l'ailleurs et de l'autrefois, que pouvez-vous faire ?

- Comment vous assurer de prendre le temps de considérer la position de vos collaborateurs ?

- Que peut vous apporter la prise en compte d'une position vous offrant un regard neutre sur l'ensemble de la dynamique interactionnelle ?

- Comment pouvez-vous tirer parti d'une position P2 pour observer vos réactions et comportements non verbaux ? En quoi cela peut-il vous aider à saisir l'impact que vous avez sur un groupe ?

PARTIE 3

LE **PROCESSUS** EN **ACTION**

Dans cette partie, nous vous accompagnons dans l'acquisition d'outils concrets pour vous aider à générer et implanter vous-même un processus de collaboration générative. Les outils que nous vous proposons seront d'autant plus puissants que vous aurez vous-même développé votre savoir-être. Plus vous intégrerez les six visages du leader d'un processus de CG, plus les gens seront disposés à innover en équipe avec toute l'honnêteté, la sincérité et le plaisir possibles.

Nous vous invitons lors de vos premières tentatives à faire un acte de foi et à miser sur la force des questions que nous vous proposons. Cela dit, il existe d'autres sources d'information, et nous vous encourageons à y puiser. Vous n'aurez jamais trop de connaissances pour accroître votre impact sur le processus de création en équipe.

Nous verrons ensemble que les questions sont plus importantes que les réponses. Vous aurez d'ailleurs bientôt l'occasion de constater par vous-même l'impact des questions. Nous soulignerons notamment les questions à poser pour clarifier une vision et un objectif de groupe. Nous étudierons aussi quelles questions permettent précisément de modifier l'expérience subjective de vos coéquipiers et d'amener ces derniers à s'ouvrir au modèle du monde de l'autre.

Nous ferons enfin des liens entre les thèmes abordés dans les chapitres précédents et le principe selon lequel la collaboration générative est le moteur même du paradigme appréciatif en développement organisationnel[10].

10. Voir le chapitre 9.

Chapitre 8

LA **COMMUNAUTÉ INNOVANTE** : RAISON D'ÊTRE, VALEURS ET **RÈGLES** D'ENGAGEMENT

Son voyage la conduisit à un carrefour où des panneaux indicateurs étaient orientés dans toutes les directions. Très perplexe, elle avisa une chenille géante qui fumait tranquillement la pipe, assise dans un arbre : « Excusez-moi, Monsieur, voulez-vous me dire quelle route je devrais prendre ? » Sagement, la chenille demanda : « Cela dépend, Mademoiselle, où voulez-vous aller ? » Toute surprise par cette question, Alice répondit : « Mais, je ne sais pas, je n'en sais rien ! » « Dans ce cas, prenez n'importe laquelle des routes, elles feront toute votre affaire... », rétorqua la chenille.

LEWIS CAROLL

Il y a très longtemps de cela, un homme marchait le long d'une voie urbaine achalandée. Arrivé aux abords d'un vaste chantier, il vit six casseurs de pierre et s'arrêta à la hauteur du premier pour lui demander ce qu'il faisait.

« J'attends l'heure de rentrer à la maison », répondit-il la tête entre les jambes.

Le marcheur, peu satisfait de la réponse, s'approcha du deuxième ouvrier et lui posa la même question.

« Vous voyez bien que je casse de la roche », lui répondit-il d'un ton sec.

Non encore satisfait de la réponse, notre homme demanda au troisième travailleur ce qu'il faisait.

« Je suis reconnu pour équarrir les moellons les plus beaux et les plus droits du comté », répondit-il, visiblement heureux qu'on s'intéresse à lui et à son travail.

« C'est un début, songea le marcheur. Mais encore ? » Il posa donc la même question au casseur suivant, qui lui répondit :

« Ici, nous croyons à la collaboration et au travail d'équipe bien fait pour monter les structures les plus solides et réaliser les meilleurs projets qui soient. »

Sans attendre qu'on l'interpelle, un cinquième casseur s'empressa d'ajouter avec un large sourire et une fierté évidente :

« Moi, je suis un bâtisseur de cathédrale ! »

Un peu à l'écart, le sixième homme œuvrait avec justesse et précision, les yeux mi-clos et l'air méditatif. Le passant s'approcha et, toujours aussi curieux, lui demanda : « Et vous, que faites-vous ? »

« Moi, monsieur, je crée des espaces où les gens vont pouvoir se rapprocher de Dieu et ainsi développer leur conscience spirituelle. »

Cette histoire illustre que le niveau logique qui sous-tend l'objectif de travail a un impact direct sur la qualité de l'énergie mobilisée. Que l'objectif relève de l'environnement, des comportements, des capacités, des croyances, de l'identité ou de la raison d'être, il détermine en partie à quel point chaque travailleur choisira d'être altruiste ou égoïste par rapport aux autres dans une démarche de collaboration générative. La notion de niveau logique que nous aborderons maintenant a été développée par Robert Dilts à partir d'une classification préalablement établie par l'anthropologue Gregory Bateson.

LES SIX NIVEAUX LOGIQUES

Le niveau de base est l'environnement. Il fait référence au contexte externe et aux contraintes associées à ce contexte. Il est donc ici question d'un lieu précis – où êtes-vous actuellement ? –, de la plage de temps à l'intérieur de laquelle vous évoluez – êtes-vous pressé ou disposez-vous d'une semaine de congé, sans rien d'autre à faire que de lire ce livre ? – et des autres éléments qui composent votre contexte, notamment les acteurs importants, les conditions externes, le climat interpersonnel, la dynamique de groupe, etc. Il correspond aux questions « Où ? » et « Quand ? ».

Le niveau suivant est celui du comportement, soit toute action que vous posez dans le contexte où vous vous trouvez ou ayant un effet sur votre environnement. Il correspond à la question « Quoi ? ».

Suit le niveau des capacités. Vos comportements dépendent de vos capacités, lesquelles sont caractérisées par vos cartes mentales, vos stratégies et vos compétences. Ce niveau correspond à la question « Comment ? », comme dans « Comment vais-je faire ça ? »

Vos croyances et vos valeurs influent à leur tour sur vos capacités. Elles sous-tendent le système de référence organisationnel de vos capacités en vous donnant une appréciation subjective de vos possibilités et une source de motivation. Pourquoi Marie accepte-t-elle un nouveau poste de gestion, alors que Marc, qui a les mêmes capacités, en a peur ? Ce niveau logique correspond à la question « Pourquoi ? ».

Ce qui nous amène au niveau suivant, celui de l'identité, qui définit l'ensemble de vos croyances et de vos valeurs ainsi que l'image que vous vous faites de vous-même, ou de votre équipe. Si vous changez d'identité ou de mission d'équipe, ce changement risque fort d'affecter l'ensemble des niveaux déjà mentionnés. Le niveau de l'identité correspond à la question « Qui suis-je ? » ou « Qui sommes-nous ? ».

« Nous avons la responsabilité de livrer de l'électricité à la clientèle de l'île de Montréal. » « Nous sommes responsables de l'assurance qualité. »

Au-delà de l'identité trône une cause : la raison d'être. Que vous en ayez conscience ou non, elle représente le sens que vous donnez à votre vie, compte tenu du fait que votre rôle s'inscrit dans un ensemble plus large, qu'il s'agisse d'un groupe social, d'une organisation, d'un pays, voire de la planète. Ce niveau correspond aux questions « Pour qui ? », « Pour quoi ? », « Au service de qui ? », « Au service de quoi ? », « Quel est notre impact sociétal ? ». C'est le *Why* si cher à Simon Sinek[11].

■ LES NIVEAUX LOGIQUES ET LES QUESTIONS AUXQUELLES ILS RÉPONDENT

Raison d'être	Pour quoi? Pour qui?
Identité	Qui suis-je?
Croyances et valeurs	Pourquoi?
Capacités et stratégies	Comment?
Comportements	Quoi?
Environnement	Où et quand?

Les niveaux logiques forment une hiérarchie. Un changement à un niveau supérieur peut ainsi favoriser un changement aux niveaux inférieurs. Il est toutefois rare qu'un changement à un niveau inférieur influence les niveaux supérieurs. En guise d'exemple, imaginez une jeune gestionnaire qui fait une prise de conscience à propos de son identité professionnelle. Cela risque fort de modifier ses croyances, ses stratégies et son comportement. Par contre, si cette même personne modifie son environnement de travail, il y a peu de chances que ce changement favorise une prise de conscience quant à son identité de gestionnaire. De même, je peux avoir un comportement donné dès lors que j'ai la capacité de le faire, mais je ne saurais être en mesure de faire une chose tant que j'aurai la croyance qu'elle n'est pas possible.

Comme le disait Albert Einstein: « Pour trouver une solution à un problème, nous devons faire un raisonnement à un niveau différent de celui où se trouve le problème. » Conformément aux niveaux logiques, nous pouvons le plus souvent reformuler cette affirmation en changeant le mot « différent » par « supérieur ». C'est pourquoi, lorsqu'on souhaite favoriser un processus de collaboration générative, il importe que les actions communes soient reliées à la raison d'être du groupe et à l'identité de chaque individu. Il ne suffit pas d'enchaîner une série de comportements.

 CAS VÉCU

En 1991, l'entreprise de vêtements de plein air haut de gamme Patagonia était au bord de la faillite à la suite d'une expansion trop rapide. Le président fondateur, Yvon Chouinard, a alors décidé d'amorcer avec son équipe une période de réflexion sur l'entreprise. Lorsqu'ils sont parvenus à un consensus sur un énoncé de croyances, de valeurs, d'identité et de raison d'être, ils ont réussi à enclencher un spectaculaire processus de CG. En 2016, ils sont toujours des pionniers en matière d'innovation technique et un modèle pour les autres entreprises en termes d'alignement sur la vision définie : « Fabriquer le meilleur produit avec le moindre impact possible sur l'environnement, et utiliser notre entreprise pour inspirer et trouver des solutions à la crise environnementale[12]. »

INCITATIF À L'ALTRUISME : UNE RAISON D'ÊTRE PARTAGÉE

Pourquoi des gens intelligents, talentueux et autonomes acceptent-ils de s'investir dans une démarche de collaboration générative en donnant le meilleur d'eux-mêmes ? Les équipes qui fonctionnent à ce régime partagent une raison d'être, profondément enracinée dans des valeurs partagées et alignées sur les pratiques d'affaires. La raison d'être d'un groupe est en quelque sorte la réponse à la question « Si nous disparaissions demain, que perdrait la planète ? »

« J'ai abandonné mon propre nom, ce nom associé à mon travail depuis vingt ans. Il y a eu ces trente secondes durant lesquelles un type est venu gratter les lettres de mon nom, collées sur la porte de mon bureau, avant de les remplacer par « Pentagram ». Mon nom s'est du coup vu réduit à un petit tas de poussière sur le sol. Je suis resté songeur un moment[13]... »

La firme de design Pentagram existe depuis plus de cinquante ans et n'est constituée que de partenaires ayant déjà une réputation internationale. Ces designers ont choisi de mettre leurs ressources en commun parce qu'ils partagent un idéal commun : ils croient qu'ensemble, ils ont plus de chances que seul d'influencer le monde des affaires en modifiant la façon dont l'industrie utilise le design, leur but étant d'avoir un impact sur la culture. Tous les associés de Pentagram partagent cette motivation égoïste, de sorte qu'ils acceptent de sacrifier leur nom pour jouer le jeu altruiste de n'être qu'un rouage du tout « Pentagram ».

ACTIVITÉS POUR METTRE À JOUR LA RAISON D'ÊTRE

Il y a d'innombrables activités à faire en équipe pour mettre à jour sa raison d'être. Nous verrons dans le chapitre suivant comment passer de l'imaginaire à la réalité et comment concrétiser la vision par l'action. Pour l'instant, concentrons-nous sur la définition de l'objectif à atteindre, un exercice dénué de tout souci de réalisme. *Sky is the limit!* Il s'agit simplement d'être créatif et de s'amuser à imaginer sans contraintes. Voici quelques exemples d'activités à faire en groupe à cette fin :

- **L'emblème.** Il est toujours intéressant de créer un emblème, un logo représentatif de la vision d'un projet particulier ou de l'entreprise dans son ensemble. Si un tel emblème existe déjà, il n'y a peut-être pas lieu d'en changer. Il s'agira alors plutôt de souligner sa pertinence et d'en approfondir le symbolisme pour renforcer le sentiment d'identité collective et en faire un instrument de ralliement.
- **La murale.** Dans le même ordre d'idées, en tant que leader du processus de CG, vous pouvez demander aux membres d'une équipe de réaliser un collage individuel – à partir de photos découpées dans de vieux maga-

zines, par exemple – et de partager ensuite leur collage avec le groupe. Cela dit, selon nous, il est encore plus puissant de les encourager à faire une grande murale collective en se laissant inspirer par la raison d'être du groupe.

- **L'énoncé de vision/raison d'être.** La rédaction d'un énoncé de vision endossé par tous est incontournable pour piloter un projet en collaboration générative.

Le leader du processus de CG est conscient que poser une question, c'est faire une intervention.

Comme le précise Pierre-Claude Élie dans *Dynamisez l'organisation avec la démarche appréciative*, si les images peuvent être attirantes, elles peuvent aussi devenir limitatives après un certain temps. Les contextes sont dynamiques et se modifient avec le temps : il faut s'adapter à de nouvelles réalités. Le changement est la seule constante, tant pour les individus que pour les organisations. Les questions utilisées dans le processus de CG en tiennent compte et incitent les participants à se voir dans un contexte plus large que la situation actuelle. En voici des exemples :

- Imaginez un environnement de travail idéal et décrivez-le.
- De quelle façon notre équipe pourrait-elle le mieux contribuer au bien-être de l'organisation ?
- Imaginez que, dans deux ans, notre projet est achevé, que notre vision est

devenue réalité, et que c'est un grand succès. Nous nous revoyons alors et vous me parlez de ce succès. Que me racontez-vous ?

Nota : lorsque vous posez des questions comme celles-ci, et comme plusieurs autres que vous lirez dans les prochaines pages, il importe de prendre le temps d'attendre des réponses. Vous êtes en pleine construction d'une nouvelle réalité subjective qui a le potentiel de guider l'organisation par la suite. Laissez donc les gens répondre, et comme nous le verrons plus loin, posez plusieurs fois la question additionnelle suivante : « Quoi d'autre ? » « Quoi d'autre ? » et encore « Quoi d'autre ? ». Cela favorisera grandement la formulation d'une vision commune.

INCARNER LA RAISON D'ÊTRE

Le leader doit lui-même incarner la vision formulée de manière à la rendre vivante et stimulante. Un gestionnaire nous disait que l'aspect le plus important du rôle de leader est que « les babines suivent les bottines ». Cet adage populaire souligne qu'il importe que le leader du processus de collaboration générative soit congruent avec la raison d'être de l'entité.

Pour relier les niveaux logiques supérieurs aux comportements quotidiens, la raison d'être doit s'enraciner dans des valeurs partagées et se décliner en objectifs opérationnels sur lesquels les gens sentent qu'ils ont un réel pouvoir.

RAISON D'ÊTRE
Pourquoi nous existons

ESPRIT DE COMMUNAUTÉ

VALEURS PARTAGÉES
Ce que nous jugeons important

RÈGLES D'ENGAGEMENT
Notre façon d'interagir entre nous et d'aborder les problèmes

Tiré de *Collective Genius : The Art and Practice of Leading Innovation*, **Linda Hill et coll.**

Un énoncé de raison d'être qui n'est pas relié aux valeurs, aux compétences et aux comportements quotidiens des collaborateurs est totalement démotivant.

LES VALEURS PARTAGÉES

Une valeur est une croyance fortement ancrée et chargée émotionnellement. Une valeur parle à la tête autant qu'au cœur, et les valeurs partagées forment le tissu social, le liant de la communauté d'innovation.

Exemple d'un choc de valeurs lors d'une acquisition d'entreprise :
Une fois la vente conclue, lors de la première réunion entre la haute direction de l'acquéreur (X) et de l'entreprise acquise (Y), un premier vice-président

entreprit de répondre à un texto en pleine rencontre. Surpris, le président de X intervint : « Je me permets de te dire, Serge, que prendre ses messages dans un contexte comme celui-ci va à l'encontre de la valeur de respect de X. » Gardant son calme et souriant de toutes ses dents, Serge répondit simplement : « Merci, Jacques, de partager cela. Pour Y, prendre ses messages comme je viens de le faire est en accord avec notre valeur d'accessibilité en tout temps. »

Voici quelques exemples de valeurs :

- Ambition
- Collaboration
- Apprentissage
- Responsabilité

- Respect
- Accessibilité en tout temps

Pour identifier une valeur, il faut répondre à deux questions :

1. Qu'est-ce qui compte pour nous ?
2. Pourquoi faisons-nous ce que nous faisons ?

Imaginons que vous avez maintenant une raison d'être commune et des valeurs partagées. Ce n'est pas encore suffisant ! Les gens ont besoin de règles d'engagement précisant les stratégies et les comportements attendus au quotidien.

LES RÈGLES D'ENGAGEMENT

Les règles d'engagement sont les mêmes dans toutes les entreprises innovantes. Elles sont divisées en deux catégories : les règles **d'interaction** et les règles de **réflexion**[14]. Elles sont parfois implicites, soit le simple reflet de l'attitude et du savoir-être des leaders qui les ont culturellement instaurées, et parfois le fruit d'une réflexion collective et d'une entente explicite.

Les règles d'interaction s'énoncent comme suit :

• La confiance mutuelle repose sur la croyance que tous sont motivés par le bien commun et qu'aucun objectif individuel ne supplante les objectifs de la communauté. En d'autres mots, elle vise à s'assurer que nous réunissons les conditions nécessaires pour que l'altruisme soit plus payant que l'égoïsme.

• Le respect mutuel implique que chaque membre de la communauté d'innova- tion considère tous les autres comme étant compétents, même si les apports et contributions varient. Il tient à la croyance que tous les autres ont aussi quelque chose de valable à offrir.

• L'influence mutuelle repose sur la croyance que tous ont le potentiel d'in- fluencer les résultats et les décisions. Si chacun des membres du groupe sent qu'il peut influer sur le comportement du groupe, il se sentira d'autant plus res- ponsable des efforts collectifs.

Les règles de réflexion collective ont trait aux modes de résolution de pro- blèmes de l'équipe. Si ces modes ne sont pas clairs, le groupe va débattre de tout, pas seulement des solutions, mais aussi de la façon de procéder pour réfléchir et innover ensemble. Ces règles s'énoncent comme suit :

• **Tout questionner**. Au cœur de l'inno- vation, il est entendu qu'un groupe doit constituer un portfolio d'idées pour ensuite les tester et les raffiner jusqu'à choisir une solution finale. En plus de permettre la créativité abrasive, la per- mission de tout questionner attire aussi les meilleurs talents de l'industrie.

• **Inclure systématiquement les don- nées brutes**. Dans la dynamique d'ex- périmentation des idées nouvelles, il est impératif d'intégrer à la réflexion les données provenant du terrain. Les vues conventionnelles de l'innovation placent trop d'importance sur l'idée initiale, l'éclair de génie, la vision que le leader serait censé avoir, comme si les pensées se présentaient toutes formées et parfaites. En vérité, les solutions apparaissent rarement comme ça. L'innovation est plutôt un processus d'essais-erreurs qui ne peut aboutir que dans un environnement où l'on complète les boucles de rétroaction en intégrant l'information issue des essais sur le terrain.

• **Voir l'ensemble.** L'innovation requiert que tous les membres du groupe gardent à l'esprit la problématique dans son ensemble en tenant compte du fait que tous les aspects en sont interdépendants plutôt que de focaliser sur un seul élément à optimiser. Seule une vision systémique (P4) permet de combiner des volets de réflexion en apparence étrangers l'un à l'autre et de faire converger l'information de manière à produire quelque chose de neuf et utile.

 Synthèse 8

• Les niveaux logiques de Dilts et les questions connexes :
    • L'environnement (Où ? et Quand ?)
    • Le comportement (Quoi ?)
    • Les capacités et les stratégies (Comment ?)
    • Les croyances et les valeurs (Pourquoi ?)
    • L'identité ou la mission (Qui ?)
    • La raison d'être ou la vision (Pour quoi ? ou Pour qui ?)

• Pour qu'il soit plus stimulant d'être altruiste qu'égoïste, il est souhaitable de rallier ses employés et collaborateurs autour d'une vision stimulante au-delà de soi.

• Pour donner vie à la vision, le leader doit l'incarner à travers des valeurs partagées et agir en accord avec ces valeurs.

• De la vision devrait découler des règles d'engagement permettant d'incarner au quotidien l'intention commune de l'organisation et de lui donner un sens pour tous.

• Les règles d'engagement, les valeurs partagées et la raison d'être permettent de créer une communauté innovante.

• Les règles d'engament se divisent en deux catégories : les règles d'interaction et les règles de réflexion.

• Les règles d'interaction sont la confiance mutuelle, le respect mutuel et l'influence mutuelle.

• Les règles de réflexion sont les suivantes : tout questionner, inclure systématiquement les données brutes et voir l'ensemble (P4).

- Quel lien faites-vous entre les niveaux logiques de Dilts et la planification stratégique?

- Que peut favoriser un alignement organisationnel sur les niveaux logiques supérieurs (raison d'être, identité, valeurs)?

- Quelles sont les trois grandes règles à respecter pour créer un réel esprit de communauté?

- Qu'est-il important de faire après avoir posé une question sur l'importance des niveaux logiques supérieurs pour favoriser l'exploration commune?

- Quelles sont deux catégories de règles d'engagement? Que permettent-elles?

- Comment allez-vous pouvoir améliorer l'esprit de communauté dans votre organisation?

- Nommez quelques jeux ou exercices susceptibles de contribuer à l'élaboration d'une vision commune?

LA COMMUNAUTÉ INNOVANTE : RAISON D'ÊTRE VALEURS ET RÈGLES D'ENGAGEMENT

133

11 Conférence TED : « *How great leaders inspire action* ».

12 Chouinard, Yvon. *Homme d'affaires malgré moi. Confessions d'un entrepreneur qui veut sauver la planète*, Éditions Transcontinental, 2007.

13 *Hill, Linda A.*, op. cit.

14 *Hill, Linda A.*, op. cit.

Chapitre 9

INNOVER EN ÉQUIPE GRÂCE AUX **QUESTIONS PERCUTANTES**

Si je ne connais pas les questions, la seule solution qu'il me reste pour respecter le processus, c'est le silence. Le silence, c'est bien, mais ça peut être drôlement long !

Piloter le processus de collaboration générative, c'est créer la chimie qui permet d'innover en maximisant le potentiel de l'équipe de façon exponentielle. Poser des questions aux coéquipiers leur permet de s'inscrire personnellement dans la démarche. En conséquence, il devient plus probable d'atteindre le but poursuivi. Vous voulez développer une vision du projet où les gens « se voient » et « se sentent » agir de façon stimulante et positive, chacun dans son rôle respectif. Notez ici qu'aux fins de notre propos, les termes « vision », « objectif » et « but » désignent tous la cible à atteindre.

Nous avons vu sommairement la structure de l'expérience subjective, et souligné le fait que nos expériences (VAKi) influencent notre perception de la réalité, de sorte que nous n'avons pas accès à la réalité objective « telle qu'elle est ». Et puisque nous cocréons continuellement notre propre réalité par le dialogue, les questions posées dans le cadre d'un processus de CG influencent directement la cocréation de la réalité de l'équipe.

La réalité subjective de l'équipe peut être modifiée lorsqu'une nouvelle réalité répondant au même besoin, tout en étant moins exigeante, la remplace. Nous adoptons alors cette nouvelle réalité jusqu'à ce qu'une autre, plus réconfortante encore, vienne la remplacer... et ainsi de suite. Par « plus réconfortante », il faut entendre « qui comporte moins d'effets secondaires indésirables tout en répondant de façon maximale aux besoins sous-jacents ».

La question fondamentale qui se pose maintenant est la suivante : « Que faire quand une équipe qui partage une vision claire et attrayante retombe dans sa routine et que « la réalité d'avant » fait obstacle à l'innovation ? »

En tant que leader, vous devez vous assurer que les actions entreprises vont suivre les rêves ! Vous devez trouver les moyens de faire en sorte que les collaborateurs interagissent et que les comportements de chacun rapprochent l'équipe de la cible, le plus rapidement et le plus naturellement possible.

Avez-vous essayé de poser des questions qui influent directement sur la réalité subjective de vos coéquipiers ? La carte du monde des gens peut être modifiée lorsqu'ils doivent répondre à des questions qui les forcent à penser au-delà de leur propre réalité.

Vous connaissez ce petit jeu ? Reliez ces neuf points à l'aide de quatre lignes droites sans jamais lever le crayon.

○   ○   ○

○   ○   ○

○   ○   ○

Allez ! Faites-le !

Comme vous l'avez constaté, pour réussir ce jeu, il faut aller au-delà des règles que vous vous imposez vous-même. Qui vous a dit de rester « à l'intérieur de la boîte » ? Pourtant, vous vous y êtes confiné, n'est-ce pas ? Avouez-le !

Comme vous avez pu le constater, aucune solution n'est possible « à l'intérieur de la boîte ». Or, sortir de la boîte, c'est imaginer des règles différentes de celles que nous nous imposons initialement. C'est élargir notre carte du monde pour trouver de nouvelles façons de faire, comme ce jeu nous invite à le faire.

« Nos perceptions étant modelées en fonction de nos processus de pensée, il nous est très difficile de découvrir ce qui est évident, parce que nos anciennes tournures de pensée bloquent notre capacité de voir ce qui est vieux d'un œil neuf. »
GOTTFRIED WILHELM LEIBNIZ

Les humains sont souvent programmés pour parcourir les mêmes chemins, pour reprendre des méthodes déjà utilisées. Avez-vous remarqué que, devant une situation nouvelle, nous avons tendance à utiliser les stratégies que nous connaissons en espérant que ça fonctionne ? Ce qui est étrange, c'est que si cela ne fonctionne pas, nous avons parfois tendance à remettre ça, c'est-à-dire à reproduire la même stratégie malgré le fait qu'elle ne fonctionne pas. Et ce n'est pas parce que nous sommes stupides! C'est parce que nous manquons d'options.

NOUS SOMMES PROGRAMMÉS À AVOIR DES RÉPONSES

Avez-vous eu le réflexe de tricher en faisant le petit jeu ci-dessus? Avez-vous décidé d'aller à l'encontre des règles établies? Avez-vous levé le crayon? Avez-vous plutôt relié les points à l'aide de courbes? Qu'avez-vous fait lorsque vous avez constaté que vous ne trouviez pas facilement la solution?

La plupart des gens ont appris à se sentir valorisés lorsqu'ils ont une bonne réponse ou lorsqu'ils trouvent une solution. N'est-ce pas votre cas? Force est d'admettre que c'est bien le nôtre. Nous n'y pouvons rien; c'est de cette façon que nous avons été éduqués. Le professeur nous pose une question, nous cherchons la réponse jusqu'à ce qu'elle soit satisfaisante, et le professeur l'approuve. Certaines personnes risquent toutefois d'en venir ainsi à accorder tellement d'importance aux réponses qu'elles cessent de se poser des questions...

Nous n'avons pas été éduqués à poser des questions, mais plutôt à donner des réponses et à dire aux autres quoi faire. Nous avons été entraînés à défendre nos opinions plutôt qu'à nous ouvrir aux idées des autres. Voilà, entre autres,

pourquoi le développement organisationnel par la CG bouscule et dérange certains acteurs: le leader du processus pose des questions au lieu d'étaler son savoir ou de dire quoi faire!

LA TOLÉRANCE À L'AMBIGUÏTÉ

En contexte de collaboration générative, nous manquons souvent d'outils, de sorte que nous pouvons nous sentir démunis et incompétents. Le malaise qui en résulte peut même nous empêcher de trouver les questions à poser pour favoriser l'obtention d'un résultat!

Étant programmés pour donner des réponses, et non pour poser des questions, nous commençons par expliquer au lieu de questionner, et nous interrompons le processus de facto.

Qui d'entre nous ne s'est jamais retrouvé au milieu d'échanges où tous tenaient à avoir raison et à en sortir gagnants? Nous confrontons les idées des autres en cherchant à avoir raison. Nous nous efforçons alors de donner la « meilleure » explication possible pour appuyer notre conviction, sans même entendre l'idée de l'autre. Nous voulons tellement avoir la bonne réponse et être vus comme intelligents que nous imaginons toutes sortes d'arguments pour détruire ceux de l'autre sans réellement porter attention à son raisonnement.

Solution exercice p. 138

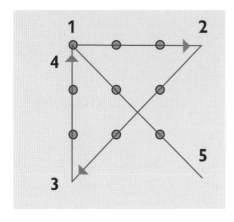

Pour le leader du processus de CG, expliquer au lieu de poser des questions, c'est adopter la position A de l'AT au lieu de la B. C'est formuler une exigence, et non une demande. C'est ne pas être pleinement conscient de son impact dans l'ici et le maintenant. Et cela ne favorise nullement la collaboration générative.

Nous n'acceptons pas facilement de modifier notre vision des choses. Nous préférons que les autres s'adaptent à nous! Il est toutefois nettement plus difficile de collaborer dans un environnement où tous souhaitent que les autres s'adaptent à eux, et non l'inverse!

LES QUESTIONS QUI FAVORISENT L'APPRENTISSAGE

Qu'arriverait-il si nous étions prêts à laisser une place réelle à l'idée de l'autre et que nous lui posions des questions à même d'inciter l'équipe entière à modifier en toute sécurité sa vision des choses?

Si le leader constate qu'une option n'a pas été suffisamment explorée, il pose une question telle que «Pouvez-vous nous en dire plus?».

Si le leader sent qu'une personne ne s'est pas suffisamment exprimée et n'a pas livré le fond de sa pensée, il lui pose une question telle que «Qu'en penses-tu, Jérôme?».

Si le leader estime que l'équipe n'a pas considéré toutes les options possibles, il pose une question telle que «Et qu'arrivera-t-il si...?».

En tant que leader du processus de CG, vous voulez poser des questions susceptibles d'entraîner vos vis-à-vis dans des zones de pensée qu'ils n'avaient pas explorées auparavant. Ce faisant, il se peut que vous suscitiez des moments de confusion, car vous bouleversez ainsi leurs modèles mentaux, leur carte du monde. Il n'y a d'ailleurs pas d'apprentissage sans confusion. L'ordre naît d'abord et avant tout de petits chaos! Cela dit, il ne suffit pas de bouleverser les gens! Pour apprendre et élargir leurs horizons, il est essentiel que l'esprit de communauté comble aussi leur besoin de sécurité.

Confusion = apprentissage = création en équipe

Avez-vous déjà fait de la rénovation ? Si oui, vous vous souvenez sûrement de cette étape chaotique des travaux où tout n'était que désordre ! Avez-vous alors paniqué ou étiez-vous plutôt conscient de ce que l'ordre naît du chaos et que cette étape était incontournable pour atteindre votre objectif : une cuisine, un salon ou une salle de bain à votre goût ?

En contexte de CG, l'objectif est de rester centré sur le processus et d'avoir foi dans le fait que les ressources se trouvent dans les personnes.

RETENIR QU'UNE QUESTION EST UNE INTERVENTION

Poser des questions à ses coéquipiers au lieu de leur dire quoi faire déclenche un mouvement qui part d'eux plutôt que du leader. Ce mouvement les engage naturellement dans un processus de réflexion et de création. Mais quelles questions poser ?

QUESTIONS OUVERTES ET QUESTIONS FERMÉES

Pour faire évoluer le processus de collaboration générative, nous vous invitons à poser des questions dites «ouvertes». Par définition, ces dernières offrent la possibilité de donner des réponses réfléchies ouvrant sur du neuf. À l'opposé, les questions fermées n'offrent aucune latitude et incitent à répondre par OUI ou NON.

Exemples de questions fermées :
- *Appréciez-vous l'esprit d'équipe ?*
- *Devons-nous améliorer l'esprit d'équipe ?*

Exemples de questions ouvertes :
- *Qu'est-ce que vous aimez de notre esprit d'équipe ?*
- *Comment pouvons-nous améliorer notre esprit d'équipe ?*

AMUSEZ-VOUS AVEC DES QUESTIONS PERCUTANTES !

Les questions qui poussent à agir différemment, à utiliser des programmes différents, permettent au cerveau d'explorer des zones nouvelles, créant ainsi de nouvelles connexions. Elles nous aident à percevoir des aspects de nous-mêmes, des autres et de l'environnement dont nous n'avions pas conscience jusque-là.

Les questions percutantes reflètent une combinaison :
- de niveaux logiques de changement ;
- de dimensions temporelles, et
- de positions perceptuelles.

Les questions percutantes font rouler les trois engrenages du moteur de l'innovation : la créativité abrasive, l'agilité créative et la résolution intégrative.

LES QUESTIONS QUI PERMETTENT D'ATTEINDRE UN NIVEAU LOGIQUE PRÉCIS

- Environnement : Où ? Quand ?
- Comportement : Quoi ? Quelles actions ?

- Capacités et stratégies : Comment ? De quelle façon (avec quel outil, utilisé dans quel ordre) ?
- Croyances et valeurs : Pourquoi ? Pour quelle raison ? Selon quelle valeur ?
- Identité : Qui ? Dans quel rôle ?
- Raison d'être : Pour qui ? Pour quoi ?

LES QUESTIONS D'ORDRE TEMPOREL

Lorsque vous introduisez une notion de temps dans une question, vous orientez l'attention des gens dans une direction bien précise selon la construction qu'ils se font des événements dans le temps. Jouer avec le temps rend possible la création de nouvelles réalités subjectives.

Il ne faut pas sous-estimer le fait qu'une question qui force à modifier le rapport au temps peut bousculer les individus.

Pour orienter les questions vers le passé, le présent ou le futur, vous n'avez qu'à varier le temps des verbes.

LES QUESTIONS RELATIVES AUX POSITIONS PERCEPTUELLES

Ce que je pense de moi.
Ce que l'autre pense de moi.
Ce que je pense que l'autre pense de moi.
Ce que l'autre pense que je pense de moi.
Ce que je pense que l'autre pense que je pense de moi.

Nous avons tous l'habitude de voir la vie à travers notre lorgnette, à partir de notre propre position (P1), mais dès que nous commençons à changer de position avec les autres (P2), à nous observer et à nous entendre nous-mêmes, notre perception des événements peut radicalement changer.

Lorsque vous posez des questions qui relèvent des positions perceptuelles P2, P3 et P4, qui situent les événements dans un cadre plus vaste, qui intègrent les perceptions de chacun et les liens entre les individus, vous élargissez le champ de conscience de l'équipe. Vous êtes alors à même de mieux cerner les rapports de force en jeu, voire parfois ce qui influence les comportements observés. En variant les positions perceptuelles, vous multipliez les façons de voir les choses et augmentez les chances de découvrir du neuf.

Pour orienter vos questions en fonction des positions perceptuelles, vous n'avez qu'à changer le sujet de la phrase.

« J'ai compris qu'il ne s'agissait pas de moi, ni de mon exploration intérieure, mais bien de réaliser le meilleur film possible. Et dès l'instant où j'ai eu cette prise de conscience, le moral des troupes a pivoté de façon stupéfiante : tout le monde m'appuyait ! Si un leader ose s'approprier le fait qu'il ne sait pas ce qu'il fait, il n'en demeure pas moins le leader. J'avais changé d'attitude, mais j'étais toujours le réalisateur... J'ai tellement

appris de John [Lasseter] en dirigeant Toy Story. Chaque fois qu'il confessait: «Les gars, je suis perdu, là! J'ai besoin d'aide!», nous devenions tous très spontanément généreux de nos efforts pour résoudre son problème.»

ANDREW STANTON, RÉALISATEUR DE *FINDING NEMO* (GAGNANT D'UN OSCAR)

COMBINER LES NIVEAUX LOGIQUES, LES POSITIONS PERCEPTUELLES ET LES DIMENSIONS TEMPORELLES À TRAVERS DES QUESTIONS PERCUTANTES

L'exploration des positions perceptuelles permet d'aller au-delà des notions conventionnelles de vision et de mission. Les gestionnaires et les consultants mettent généralement l'accent sur l'élaboration d'une vision à partir de leur propre position (P1). Ce faisant, ils semblent tenir pour acquis que tous les membres de l'équipe sont en P1 et s'entendent sur tous les niveaux logiques au moment de définir ensemble une vision à matérialiser dans le futur. Or, rien n'est moins certain!

En combinant les niveaux logiques, les positions perceptuelles et les dimensions temporelles, les questions percutantes permettent d'harmoniser les besoins des équipiers et de tous les acteurs impliqués avec la vision à définir. En jouant avec ces questions, il est en outre possible d'harmoniser les comportements et les stratégies avec les valeurs et les croyances.

En vous permettant de naviguer dans le temps, d'un acteur à l'autre et d'un niveau logique à l'autre, tout en offrant à l'équipe une vue d'ensemble des enjeux, les questions percutantes aident chaque individu à développer sa vision personnelle et à l'aligner sur l'objectif global de l'équipe.

Vous souvenez-vous que nous disions qu'il fallait répondre aux besoins égoïstes des individus pour qu'ils deviennent altruistes et donnent le meilleur d'eux-mêmes à la poursuite de la vision globale? Imaginez que chaque équipe d'une organisation réponde de façon optimale à ses besoins égoïstes en collaborant de façon altruiste à la réalisation de la vision globale de l'entreprise! Imaginez l'énergie et l'ambiance qu'on trouverait dans une telle organisation! La collaboration générative serait alors maximisée, car tous les échelons de l'organisation seraient harmonieusement intégrés.

Les questions percutantes sont ainsi appelées parce qu'elles permettent:
- de modifier la réalité subjective des individus;
- d'innover en dépassant le connu;
- de réaliser des interventions de transformation profonde en allant chercher le meilleur de chacun, et ce, aussi bien dans les grands groupes que dans les petits.

Voyons tout d'abord comment se présentent ces questions à partir de la personne en propre (P1).

LES QUESTIONS À POSER POUR EXPLORER LA POSITION 1

■ À PARTIR DE NOTRE POSITION PERCEPTUELLE P1

	PASSÉ	PRÉSENT	FUTUR
Raison d'être		■	
Identité		▨	
Croyances et valeurs	▨		
Capacités et stratégies			⧄
Comportement			⦙
Environnement		⧄	

Par exemple, les questions à poser :

Dans la case ■ : Pour quoi, pour qui j'agis en ce sens ? Quelle est ma raison d'être ?

Dans la case ▨ : Pourquoi j'agissais ainsi ? Qu'est-ce que je croyais ?

Dans la case ⧄ : Comment vais-je faire cela ?

Dans la case ⦙ : Que vais-je faire ?

Dans la case ⧄ : Où suis-je ?

Quelle peut être celle de la case ▨ ?

Cette première série de questions formulées à partir de la position P1 touche à chacun des niveaux logiques à partir des trois positions temporelles : le passé, le présent et le futur.

Ces questions peuvent aussi être posées à l'équipe, le groupe étant alors perçu comme une entité en soi. Par exemple, au temps présent, vous pourriez poser les questions suivantes :

- Quelle est notre raison d'être ?
- Qui sommes-nous ?
- Que faisons-nous ?

- Comment agissons-nous ?
- Quelles sont nos capacités ?
- Quelles croyances et quelles valeurs véhiculons-nous en tant qu'équipe ?

LES QUESTIONS À POSER POUR EXPLORER LA POSITION 2

Voyons d'abord les questions que vous pourriez poser directement à la personne – ou aux personnes – en position 2. Vous vous poserez ensuite les mêmes questions à partir de P2.

■ LES QUESTIONS À POSER AUX PERSONNES POUR EXPLORER LEUR POSITION 2

	PASSÉ	PRÉSENT	FUTUR
Raison d'être		■	
Identité	▨		
Croyances et valeurs			▨
Capacités et stratégies	⧄		
Comportement		⦙	
Environnement			⧄

Exemples de questions à poser :

Dans la case ■ : Pour quoi, pour qui faites-vous cela ? Quelle est votre raison d'être ?

Dans la case ▨ : Qui pensiez-vous être, à l'époque ?

Dans la case ▨ : Pourquoi le ferez-vous ? Quelles seront vos croyances et vos valeurs, une fois la vision matérialisée ?

Dans la case ⧄ : Comment vous y êtes-vous pris pour réussir dans le passé ?

Dans la case ⧄ : Où cela aura-t-il lieu ? Quelle pourrait être la question de la case ⦙ ?

Ces questions vous permettent d'avoir une meilleure idée de ce que pense la personne en P2, de même qu'une meilleure mesure de l'impact que vous avez sur elle. Souvenez-vous qu'un des visages du leader du processus de CG est d'aller dans la carte du monde des autres. C'est ce qu'il fait quand il va en P2.

Maintenant, voyons voir ce que deviennent ces mêmes questions quand vous vous les posez à partir de P2.

LES QUESTIONS À VOUS POSER EN VOUS METTANT VOUS-MÊME EN POSITION 2 POUR PERCEVOIR VOTRE INFLUENCE SUR L'AUTRE

■ LES QUESTIONS À VOUS POSER À PARTIR DE LA POSITION PERCEPTUELLE P2

	PASSÉ	PRÉSENT	FUTUR
Raison d'être	■		
Identité			▓
Croyances et valeurs		▒	
Capacités et stratégies		\\\\\\	
Comportement			∷∷
Environnement	⧄		

Exemples de questions à vous poser :
Dans la case ■ : Pour quoi, pour qui pense-t-il que je faisais cela ? Que pensait-il qui me motivait le plus, au fond de moi-même ?
Dans la case ▓ : Qui pense-t-il que je deviendrai ? Comment pense-t-il que mon identité influencera la sienne ?
Dans la case ▒ : Pourquoi pense-t-il que

je fais cela ? Quelles sont les croyances et les valeurs qu'il perçoit chez moi actuellement ?
Dans la case \\\\\\ : Comment croit-il que je le fais ? Comment mes stratégies et mes capacités l'influencent-elles maintenant ?
Dans la case ⧄ : Où croit-il que j'étais ? Est-ce que ce lieu a eu un impact dans nos rapports ?
Quelle pourrait être la question de la case ∷∷ ? _____

_____
.

Dans une organisation, la position P2 vous permet de valider vos perceptions par rapport à d'autres équipes et de prendre conscience de votre influence sur les autres travailleurs ainsi que sur les clients. Les cases orientées vers le futur vous permettent de créer une image qui est plus constructive pour l'équipe. Elles vous invitent à des changements d'attitudes en vous rappelant que vous avez de l'influence sur l'équipe.

LES QUESTIONS À POSER POUR EXPLORER LA POSITION 3

La position P3 offre une perception de l'ensemble des interrelations à l'intérieur d'un groupe et vous permet de remettre en question vos perceptions à l'égard d'un système relationnel à partir d'une position relativement neutre. C'est la position qu'occupe le leader du processus de collaboration générative en tenant compte de ce qu'il fait partie de l'équipe.

■ L'OBSERVATEUR DU SYSTÈME RELATIONNEL À PARTIR DE LA POSITION PERCEPTUELLE P3

	PASSÉ	PRÉSENT	FUTUR
Raison d'être			███
Identité		▓▓	
Croyances et valeurs			▒▒
Capacités et stratégies	▨▨		
Comportement			⁚⁚⁚
Environnement			⧄

Exemples de questions à vous poser:
Dans la case ███ : Pour quoi, pour qui aurons-nous envie de continuer? Quelle sera la raison d'être de notre équipe dans cinq ans?
Dans la case ▓▓ : Qui pensons-nous être?
Dans la case ▒▒ : Pourquoi agirons-nous ainsi? Quelles seront nos croyances et nos valeurs lorsque nous serons reconnus comme des chefs de file dans notre domaine?
Dans la case ▨▨ : Comment nous y prenions-nous quand ça fonctionnait bien?
Dans la case ⧄ : Où serons-nous?
Quelle pourrait être la question de la case ▦ ?

_____

LES QUESTIONS À POSER POUR EXPLORER LA POSITION 4

La position P4 est celle de l'observateur observé, de l'observateur omniscient: il voit tout et sait tout... même ce dont P3 n'a pas lui-même conscience. P4 capte toutes les interactions entre P1, P2 et P3. La conscience en P4 est résolument neutre et plus étoffée qu'en P3. P4 s'exclut du système relationnel comme s'il était un consultant externe.

■ L'OBSERVATEUR DU SYSTÈME RELATIONNEL À PARTIR DE LA POSITION PERCEPTUELLE P4

	PASSÉ	PRÉSENT	FUTUR
Raison d'être			███
Identité		▓▓	
Croyances et valeurs			▒▒
Capacités et stratégies	▨▨		
Comportement			⁚⁚⁚
Environnement			⧄

Exemples de questions à poser:
Dans la case ███ : Pour quoi, pour qui seront-ils motivés à agir? Quelle sera la raison d'être de leur équipe dans cinq ans?
Dans la case ▓▓ : Qui sont-ils? Quelle est l'identité de cette équipe par rapport à l'influence de l'ensemble des acteurs du système relationnel?
Dans la case ▒▒ : Pourquoi collaboreront-ils dans six mois? Quelles seront les croyances véhiculées par l'équipe en fonction de l'ensemble des interrelations?
Dans la case ▨▨ : Comment faisaient-ils? Quelles étaient les stratégies efficaces du groupe?
Dans la case ⧄ : Où seront-ils?
Quelle pourrait être la question de la case ▦ ?

_____

Pour guider le processus de CG, les questions sur le passé doivent porter sur les «succès». Par le recadrage et les sous-questions, le leader oriente les perceptions passées en direction des zones de lumière. De la même façon, pour mener le processus vers la réalisation future de la vision, il oriente les perceptions selon le principe de l'héliotropisme, soit vers une représentation attrayante de l'état désiré.

La chaudière d'un très grand hôtel a cessé de fonctionner en plein mois de janvier, et personne ne comprend pourquoi. On s'empresse donc de faire venir le réparateur.

Le technicien arrive, fait lentement le tour de l'appareil, tâtonne ici et là, pose des questions, observe, écoute, réfléchit... Le gérant de l'hôtel montre des signes d'impatience de plus en plus évidents.

Trente minutes plus tard, le réparateur observe toujours et n'a pratiquement pas touché à la chaudière! Puis, il sort un minuscule marteau de la poche intérieure de sa veste, prend son élan, et donne un coup de marteau savamment calculé.

La chaudière se remet aussitôt en marche à grand bruit en crachant de petits nuages de poussière, et l'homme range son marteau.

Sur sa facture, on peut lire:

Total: 100,00 $

Coup de marteau: 10,00 $

Savoir où donner le coup de marteau: 90,00 $

LES 7 QUESTIONS À POSER EN QUÊTE D'UN BUT COMMUN

Il s'agit de questions à poser pour développer à fond la vision, la mission et les objectifs de façon à impliquer les gens sur le plan sensoriel.

Vous connaissez peut-être déjà l'acronyme SMART pour qualifier un bon objectif (Spécifique, Mesurable, Atteignable, Réaliste et défini dans le Temps). Toutefois, les objectifs opérationnels ne doivent pas seulement être SMART, ils doivent aussi inspirer une représentation sensorielle positive et attrayante de la vision à réaliser ensemble. L'acronyme SMART peut ainsi devenir I-SMART e+[15].

Dans ce nouvel acronyme, «I» («je» en français) signifie que la cible doit nous toucher personnellement et concrètement. Il y a des gestionnaires – vous en connaissez peut-être – qui formulent des objectifs SMART pour les autres, mais auxquels les gens ne s'associent pas. Ces objectifs ont beau être SMART, ils ne suscitent aucune passion et ne permettent tout au plus qu'une simple collaboration. La collaboration générative est alors hors de question.

Le «e» complémentaire signifie «écologique», en ce qu'il faut tenir compte des répercussions qu'aura la poursuite de l'objectif ou de la vision sur l'écologie du collaborateur, à savoir ce qu'il lui en coûtera et ce qu'il en retirera.

Le «+» met l'accent sur une formulation positive: le cerveau ne peut pas se représenter une non-image (fermez les yeux et essayez de ne pas voir un éléphant rose!). Pour mobiliser les gens autour d'une réalité commune, il faut utiliser un langage axé sur le concret (ce que l'on voit, sent, entend...).

Exercice

Ne voyez surtout pas un éléphant rose ! Vous l'avez vu n'est-ce pas ?

Exemples de répercussions écologiques + motivantes

« Si nous atteignons la cible, ma crédibilité s'en verra accrue et je pourrai avoir une promotion. »

« Si nous atteignons l'objectif, nous aurons l'élan nécessaire pour vendre le projet à la haute direction. »

« Si nous réussissons, je vais pouvoir rétablir ma relation avec le service des TI. »

« Si nous y arrivons dans les délais, nous aurons augmenté notre rayonnement sur le marché. »

Exemples de répercussions écologiques + démotivantes

« Si je réussis à optimiser ce processus, je n'aurai plus d'avenir dans l'organisation. »

« Si je réussis à atteindre l'objectif, je perdrai ma relation privilégiée avec mon patron. »

Exemples de répercussions écologiques – motivantes

« Si l'équipe ne réalise pas sa vision, cela me prouvera que mon patron ne sait pas ce qu'il fait. »

« Si nous ne réussissons pas dans les délais, nous aurons une nouvelle subvention du gouvernement, ce qui prolongera nos mandats. »

« **Attrapez-les en train de faire quelque chose... de bien !** »

SPENCER JOHNSON

Pour définir ensemble une vision, un objectif ou des règles d'engagement, toutes les questions qui suivent sont percutantes, quoique vous puissiez en privilégier certaines par rapport à d'autres selon le contexte. Ces questions sont conçues pour vous permettre de coconstruire une vision I-SMART e+.

Gardez en tête que la mise au point d'une vision n'est pas un exercice ponctuel et définitif. Il s'agit d'un processus continu, de sorte que les questions qui suivent peuvent être de nouveau posées à différents interlocuteurs à différents moments de l'évolution d'une équipe ou d'un projet.

1. QUE VOULONS-NOUS ?

Selon notre expérience, la majorité des équipes ont tendance à identifier plus facilement ce qu'elles ne veulent pas que ce qu'elles veulent. Il importe certes que le leader entende ce que les gens ne veulent plus, mais son véritable travail consiste à clarifier l'état désiré et à accompagner l'équipe vers l'atteinte de cet état.

2. EN QUOI EST-CE IMPORTANT POUR NOUS ?

Cette question vise à cerner les motivations profondes et les enjeux sous-jacents au projet mis de l'avant. Il est rentable pour le leader d'évaluer les motivations de chacun et de le faire dans un contexte de groupe, même si les réponses ne sont pas toutes favorables au projet. L'information partagée en groupe – donc sous le signe de la collaboration générative – suscite la cohésion, alors que l'information partagée hors du groupe risque de le diviser.

3. À QUOI SAURONS-NOUS QUE NOUS AVONS ATTEINT NOTRE OBJECTIF?

Vous l'avez sans doute déjà compris, le but de cette troisième question est de préciser l'objectif selon des modalités sensorielles, en créant un VAKi+ positif et attrayant pour chaque collaborateur.

D'autres sous-questions percutantes pourraient être : Quelles balises utiliserons-nous pour savoir si nous nous rapprochons ou nous éloignons de l'objectif? Quels sont nos KPI? Une fois la vision concrétisée, que diront nos clients? Comment le marché réagira-t-il?

4. QU'EST-CE QUI NOUS AIDERA À ATTEINDRE NOTRE OBJECTIF?

Le but consiste ici à recenser précisément toutes les ressources : les individus (talents particuliers, profils de compétences), le budget, le temps imparti, la motivation, les éléments issus du contexte général. Dressez la liste de toutes les ressources en équipe.

5. QUELS SONT LES AVANTAGES ET LES INCONVÉNIENTS À ATTEINDRE NOTRE OBJECTIF? QUEL EST LE PRIX À PAYER? QUELS SERONT NOS GAINS?

Efforcez-vous de trouver non seulement des avantages, mais aussi des inconvénients. Si vous n'en voyez aucun, posez-vous la question en termes de sacrifices à faire, d'efforts à déployer. Il s'agit ici de relever les obstacles potentiels au projet commun et d'ajuster l'objectif à atteindre de sorte à minimiser les inconvénients, ou en s'assurant que les avantages seront toujours plus importants que les inconvénients.

6. SI NOUS NE FAISONS RIEN, QU'EST-CE QUI SE PRODUIRA?

Imaginez le pire scénario possible en cas d'abandon du projet d'équipe mis de l'avant. Cette question engendre motivation ou démotivation. Et le fait est qu'il vaut parfois mieux abandonner un projet qu'on juge, après mûre réflexion, dépourvu d'impact significatif.

7. QUELLES SERONT LES ÉTAPES À SUIVRE?

Il s'agit maintenant de tracer les grandes lignes d'un plan d'action en équipe ou en sous-équipe. Rêver, c'est bien, mais il faut passer à l'action. Cette question nous fait passer d'un énoncé de projet à des actions bien définies.

8. QUELLES ACTIONS POUVONS-NOUS ENTREPRENDRE DÈS AUJOURD'HUI? SUR QUOI AVONS-NOUS DU POUVOIR?

Eh oui, nous avions annoncé sept questions et en voici une huitième!

Il serait en effet douteux de se limiter à sept questions, car il y en a bien d'autres. L'objectif ici est encore une fois de passer à l'action et de prioriser les gestes à poser.

 Synthèse 9

- La carte du monde des gens peut être modifiée lorsqu'ils doivent répondre à des questions qui les forcent à penser au-delà de leur propre réalité.
- Sortir de la boîte, c'est imaginer des règles différentes de celles que nous nous imposons initialement.
- Nous n'avons pas été éduqués à poser des questions.
- Le travail en collaboration générative bouscule lentement les gens afin de les inciter à apprendre et à accepter de nouveaux modèles plus réconfortants pour eux... et pour toute l'équipe, en les emmenant dans des zones de pensée qu'ils n'avaient pas explorées avant.
- Les questions ouvertes offrent la possibilité de donner des réponses réfléchies ouvrant sur du neuf. Il est donc essentiel d'attendre patiemment des réponses.
- Les questions percutantes sont une combinaison:
  - de niveaux logiques de changement;
  - de dimensions temporelles, et
  - de positions perceptuelles.

  Elles permettent:
  - de modifier la réalité subjective des individus;
  - d'innover en dépassant le connu;
  - de réaliser des interventions de transformation profonde en allant chercher le meilleur de chacun, et ce, aussi bien dans les grands groupes que dans les petits.
- Les questions à explorer à partir de la position perceptuelle P2 vous permettent d'avoir une meilleure idée de ce que la personne en P2 pense et de l'impact que vous avez sur elle.
- Les questions relevant de P3 remettent en question vos perceptions d'un système relationnel à partir d'une position relativement neutre.
- La position P4 est celle de l'observateur observé, de l'observateur omniscient: il voit tout et sait tout... même ce dont P3 n'a pas lui-même conscience. Il s'agit d'une position de totale neutralité émotive.
- Les questions qui servent à développer un objectif, une vision ou des règles d'engagement permettent de rendre les énoncés plus concrets et observables.

- Avoir le courage de poser les questions qui peuvent nous faire voir les failles de notre projet permet de trouver des solutions avant de lancer le projet.
- Si je me sens impliqué, je suis davantage motivé.
- Il est important de respecter l'écologie des individus et des systèmes relationnels pour favoriser l'atteinte des objectifs personnels et d'équipe.
- Le cerveau ne peut pas se représenter une non-image.

Questions d'intégration 9

- Au moment d'encadrer quelqu'un, est-ce que vous avez plutôt tendance à lui expliquer comment faire ou à lui demander comment il avait lui-même envisagé d'accomplir la tâche?
- Tolérez-vous facilement l'ambiguïté?
- Avez-vous déjà remarqué que les questions sont plus percutantes que les réponses pour produire un impact sur l'autre?
- Avez-vous une petite question personnelle que vous aimez bien poser aux gens pour les déstabiliser ou les aider à cheminer? Si oui, notez-la bien!
- Que veut dire l'acronyme I-SMART e+? Et en quoi est-il préférable au simple SMART bien connu?
- Pouvez-vous écrire les sept questions à poser pour définir un but commun?
- Quel impact a la définition d'un objectif fondé sur ce que nous ne voulons pas plutôt que sur ce que nous voulons?
- En quoi est-il important d'envisager le pire scénario possible?
- En quoi est-il important de respecter l'écologie interne et externe au moment d'élaborer des objectifs et une vision d'équipe?
- Quand commencez-vous à poser davantage de questions percutantes? Avec qui? Dans quel contexte? Quelles questions allez-vous poser en premier?

15 L'acronyme I-SMART e+ a été développé à partir de l'acronyme SMART et bonifié par Colette Normandeau et Luc-Antoine Malo (2015).

Chapitre 10

PAR OÙ **COMMENCER ?**

« La voie commence là où vous êtes. »

PEMA CHÖDRÖN

Votre organisation n'est pas reconnue pour sa capacité d'innovation ? Les prouesses des Google et Apple de ce monde vous semblent bien loin de votre quotidien, et vous vous demandez par où commencer ? Eh bien, commencez par un petit pas. Ce chapitre propose un « mode d'emploi » pratique pour implanter un processus de collaboration générative au sein d'une organisation.

L'implantation d'un processus de CG, comparable à une descente de rapides – par opposition à la navigation en eaux calmes –, permet à l'organisation d'innover de façon continue et dans le plaisir ! La métaphore du rafting vise à illustrer que le changement et l'amélioration continue sont les seules réelles constantes en matière de développement organisationnel. Ainsi, à l'instar d'une descente de rapides dynamique, mouvementée, pleine de surprises et de vie, la conjoncture dans laquelle se développe toute organisation demeure imprévisible et potentiellement tumultueuse : il n'est d'autre choix sensé que de s'y adapter à chaque coup de pagaie !

Au fait, avez-vous déjà pratiqué le rafting ? Si oui, vous avez sûrement, à un moment ou à un autre, pris conscience de l'importance majeure d'une embarcation performante et adaptée à ce genre d'activité. Par ailleurs, vous avez sans doute été à même de constater qu'un bon guide et une équipe cohésive sont essentiels pour éviter les pires écueils et négocier les remous dans le plaisir.

En DO, la rivière et les conditions météorologiques représentent le contexte général et le processus de collaboration lui-même. L'embarcation symbolise la force des orientations en matière de solutions, inhérente au paradigme appréciatif. Les pagayeurs sont les acteurs responsables du processus de CG, et le guide, en tenant le gouvernail, s'assure que le moteur de l'innovation tourne rondement et que les interactions entre les coéquipiers sont saines.

Situons maintenant les balises, les principaux repères du parcours à effectuer pour arriver à bon port.

L'INVESTIGATION APPRÉCIATIVE ET LA COLLABORATION GÉNÉRATIVE

Sans s'être directement influencés, différents auteurs avancent parfois des idées similaires et complémentaires. C'est notamment le cas de David Cooperrider – le père de l'investigation appréciative – et de Robert Dilts – le père de la collaboration générative –, qui ont développé deux approches parentes au développement organisationnel. Ainsi les croyances sur lesquelles repose l'implantation d'un processus continu de collaboration générative au sein d'une organisation sont-elles aussi les postulats de l'investigation appréciative. Quant au leader du processus de CG, il cherche à favoriser l'adhésion à ces croyances – et à promouvoir le VAK+ qui en découle.

Voici les principaux postulats à retenir :

- Chez tout individu et dans toute organisation, quelque chose fonctionne bien.
- Nous avons le choix de tourner notre attention vers les problèmes ou vers les solutions.
- À travers nos échanges, la réalité est systématiquement coconstruite de façon répétée.
- Les questions que nous posons focalisent l'attention des autres et ont ainsi un pouvoir génératif.
- Les images attrayantes du futur favorisent naturellement l'action et la collaboration entre les gens.
- Les gens sont plus disposés à voyager vers un futur inconnu lorsqu'ils peuvent miser sur les meilleurs éléments de leur passé connu.

L'INVESTIGATION APPRÉCIATIVE APPLIQUÉE

Le processus développé par Cooperrider est divisé en quatre grandes étapes :

1. Apprécier et valoriser le meilleur de ce qui est.
2. Coconstruire une vision de ce qui pourrait être.
3. Permettre un dialogue sur ce qui devrait être.
4. Amener à la création de ce qui sera.

Dès le départ, l'investigation appréciative a été conçue pour les entreprises qui, dans une perspective de DO, veulent mettre à contribution le plus grand nombre de personnes possible dans le processus de collaboration générative. Ainsi, pour chacune des quatre étapes, il existe une multitude d'outils et de procédures favorisant la CG avec des groupes de trois à plus de mille personnes à la fois.

PREMIÈRE ÉTAPE : NOS FORCES ET NOS COMPÉTENCES

Au lieu de s'attarder aux défaillances et aux faiblesses, l'investigation appréciative s'intéresse à ce qui va déjà bien dans l'organisation. Il s'agit d'identifier les forces qui sont au cœur des meilleurs moments et des plus belles réussites.

Quand nous avons réussi ce projet, de quoi avions-nous l'air ?

Gravons cette image de façon très claire dans nos mémoires. (V+)

METTRE À JOUR LE NOYAU DE L'ORGANISATION : LA RAISON D'ÊTRE

Pour cerner la raison d'être, il faut poser la question « Pour qui ? » ou « Pour quoi ? », sous-entendu « de plus grand » que nous. La raison d'être correspond au niveau

Formez des groupes de six à huit personnes.

Invitez les participants à répondre aux questions posées dans le chapitre 9.

Invitez-les à échanger sur les réflexions et les découvertes qu'ils font.

Pour dégager l'essence vitale de l'organisation, encouragez-les ensuite à écrire toutes les caractéristiques qui définissent l'entreprise.

logique le plus élevé, au-delà des identités individuelles – c'est l'identité de groupe, l'âme de l'équipe, la vision à concrétiser. La conscience de la raison d'être est indissociable de la conscience des causes des succès de l'organisation.

La raison d'être de l'organisation – son essence même – est le terreau dans lequel s'implanteront les racines d'un processus de CG durable.

> **«L'essence vitale, c'est l'ensemble des forces qui donnent toute sa vitalité à une organisation lorsqu'elle est dans sa zone d'excellence. L'essence vitale de l'organisation est absolument unique, comme le sont notre code génétique et nos empreintes digitales.»**
> PIERRE-CLAUDE ÉLIE

En quête de l'essence vitale, les coéquipiers relèvent les éléments de ressources partout où ils les trouvent.

Suivent des questions types, aussi bien en contexte d'investigation appréciative qu'en PNL, pour préciser l'essence vitale à partir d'une expérience de succès déterminante.

Songez à une expérience vécue dans laquelle vous avez excellé en tant qu'équipe. L'énergie était débordante et les nouvelles idées fusaient pour faire avancer le projet. Vous étiez enthousiaste et conscient de contribuer à quelque chose de plus grand que vous. Vous étiez consciemment tourné vers les solutions et cherchiez à favoriser la pleine expression de la force des autres.

- Quelles étaient les circonstances?
- Que vouliez-vous réaliser?
- De quelle façon avez-vous contribué à l'atteinte des objectifs?
- Qui d'autre a contribué à la réalisation des objectifs et comment?
- Quelles sont les conditions qui ont favorisé la qualité de savoir-être que vous avez démontré?
- Qu'avez-vous réalisé?
- Quels ont été les bénéfices reliés à cet accomplissement pour vous et pour vos collaborateurs?

La PNL a produit une multitude d'outils permettant de revivre les «expériences de référence» positives et d'en accentuer le VAK+ afin de puiser aux ressources des individus et des groupes et de les mettre à profit pour cocréer ensemble le futur.

Une fois que l'essence, le cœur et la raison d'être de l'organisation sont définis, le leader du processus de CG attaque la vague suivante en encourageant l'équipe à rêver : comment serions-nous si nous développions cette essence à son plein potentiel ?

DEUXIÈME ÉTAPE : NOTRE RÊVE

Que pourrait devenir notre organisation si nous misions sur les forces existantes et que nous les développions au maximum ? Comment la collaboration générative pourrait-elle nous faire grandir ? Cette deuxième étape de la démarche appréciative consiste à imaginer ce dont demain sera fait, en misant sur les forces en place : que rêvons-nous d'être ? Tout est possible !

Il y a aussi la question miracle qui nous vient de l'approche centrée sur les solutions[16], et qui invite à se projeter dans le futur, là où toutes les solutions sont déjà en place. Le leader amène ainsi le groupe à préciser ce qu'il verra, entendra et ressentira au moment précis où la vision sera pleinement matérialisée. Il pousse ainsi les individus à mobiliser leur sens (VAK+) autour des éléments de la solution.

En faisant « comme si » le problème était réglé, on dispose une équipe à rechercher l'information pertinente à la découverte de la solution recherchée.

TROISIÈME ÉTAPE : NOTRE PROJET

Comment passer du rêve à la réalité ? Quels moyens pouvons-nous prendre pour que ce rêve ne reste pas qu'un vœu pieux ? Comment pouvons-nous atteindre notre objectif ? Quelle est la marche à suivre ?

Cette étape est celle du dialogue et de la réflexion. L'apprentissage par l'action[17] devient alors crucial ! Partagez vos bons coups et soutenez-vous dans vos difficultés en ayant conscience du bien commun et de la vision à réaliser. Le leader du processus de CG doit ici être particulièrement engagé, notamment en posant des questions percutantes.[18]

Certains auteurs emploient le terme « design » pour qualifier cette étape, faisant ainsi référence à l'architecture sociale de l'organisation, soit aux règles de fonctionnement écrites et implicites qui gouvernent l'ensemble de ses interrelations[19]. En ce sens, cette troisième étape consiste à retrouver les schémas d'interaction qui ont permis la collaboration générative par le passé et à recréer les conditions structurelles voulues pour les mettre à profit dans le futur. L'objectif consiste ici à cerner les éléments du design qui agiront comme catalyseurs pour assurer le passage du rêve à la réalité.

QUATRIÈME ÉTAPE : NOTRE PLAN

Le plan porte sur l'échéancier et la division des responsabilités. Pour que les décisions – prises en CG en misant sur les forces de l'équipe – puissent se convertir en actions, les gens doivent mettre la main à la pâte! Selon le principe de la participation dynamique, le plan devient l'ancrage matériel du rêve. Qui sera responsable de quoi, et quels seront les échéanciers?

À l'étape du plan, le leader doit veiller à ce que les conditions soient réunies pour favoriser l'instauration d'une réelle dynamique d'apprentissage par l'action[20]. Il est en outre impératif qu'il exerce un contrôle serré du suivi – il y va de la réussite de toute la démarche! S'il devait se montrer souple et conciliant aux premières étapes, il doit maintenant faire preuve de méthode et de rigueur quant au suivi des actions sur lesquelles l'équipe s'est entendue. Il doit s'assurer que les rencontres de travail ont lieu comme prévu, faute de quoi il en cherche la raison et aide l'équipe à corriger la situation. Cela dit, il est entendu que le leader du processus de CG doit rester ouvert aux commentaires et aux suggestions de ses collaborateurs tout au long du processus.

Ça y est : la vision est claire et l'énergie est bonne! Ça roule! Tout fonctionne 10/10!

Soudain, un événement se produit, et le processus s'en trouve compromis. Un obstacle empêche l'équipe d'avancer. Le moteur cale. Le processus ne fonctionne plus qu'à 4/10! Que faire?

LA QUESTION D'ÉCHELLE

Déterminez en équipe le niveau de satisfaction ponctuel du groupe à l'égard de la CG sur une échelle de 0 à 10, où 0 correspond à l'absence totale de CG et 10, au bonheur total, soit un sentiment de codéveloppement et d'innovation optimaux. Lorsque les coéquipiers se sont individuellement prononcés et ensuite entendus sur une note moyenne – disons 4/10 –, la question est de savoir : «Comment en êtes-vous arrivés à 4 plutôt qu'à 0?».

Pendant que l'équipe souligne les facteurs qui contribuent à son état d'insatisfaction – 4/10 –, le leader réoriente le discours en recadrant rapidement le questionnement, et ce, de façon constante.

Il cherche d'abord à savoir pourquoi le niveau de satisfaction est de 4 et non de 0. Quels sont les aspects du processus qui fonctionnent encore? On cherche la lumière, pas l'ombre! Le leader vise donc à faire en sorte que les coéquipiers jettent les bases sur lesquelles ils s'appuieront pour rehausser leur niveau de satisfaction. Il tente ensuite de les amener à définir les jalons qui leur permettront de monter d'un demi-point (4,5) ou d'un point à la fois dans l'échelle (5), de façon aussi concrète que possible. L'équipe sera ainsi amenée à se projeter dans une démarche d'amélioration de la situation, et ses membres commenceront à se mobiliser pour trouver des solutions plutôt que de s'apitoyer sur ce qui va mal et sur les raisons pour lesquelles ça va mal.

Le leader du processus de CG fera enfin appel à la dimension sensorielle en posant les questions percutantes appropriées pour inviter les coéquipiers à préciser ce qu'ils verront (Ve+), entendront (Ae+) ou ressentiront (Ke+) lorsque la situation s'améliorera, selon les différents niveaux logiques et les diverses positions perceptuelles.

QUOI D'AUTRE ?

Dans le modèle appréciatif comme dans l'approche axée sur les solutions, la question « Quoi d'autre ? » est l'une des plus importantes. Il importe en effet d'aller au-delà des premières réponses fournies par les participants. La réelle construction des solutions commence lorsque nous dépassons les premiers éléments de réponse évidents. Le leader doit donc persévérer et pousser les participants au-delà de leurs premières réponses afin de forcer un saut en avant vers l'atteinte de l'état désiré : la solution.

« Que pouvez-vous faire pour régler votre différend avec le fournisseur ?
— Ben, on pourrait trouver un autre fournisseur.
— OK. Quoi d'autre ?
— Euh... On pourrait peut-être lui dire pourquoi on n'est pas content !
— OK. Quoi d'autre ?
— Dans le fond, la meilleure chose à faire serait sûrement de lui parler et d'arriver à une entente avec lui sur les délais de livraison !
— Quoi d'autre ? »

En ayant en tête les quatre étapes de l'investigation appréciative, vous aurez une vision d'ensemble des rapides à descendre en équipe. Certains ont parfois l'impression que ces étapes sont trop simples pour avoir l'impact recherché, mais des expériences répétées ont clairement démontré leur pertinence et leur puissance.

■ LA BOUCLE ACTION-RÉFLEXION-AJUSTEMENT

Dans un contexte d'innovation, sous l'effet de l'engrenage de l'agilité créative, les nouvelles idées mises de l'avant sont rapidement et proactivement testées dans l'action. Suit une réflexion sur le résultat des essais qui donne lieu à des ajustements et à des prises de décisions fondées sur les apprentissages issus de l'expérimentation. Cette boucle ACTION – RÉFLEXION – AJUSTEMENT est itérative, de sorte qu'elle forme souvent une chaîne d'action-réflexion-ajustement-action-réflexion -ajustement-action-réflexion-ajustement-action..., et ce, jusqu'à ce que tous soient fiers du résultat et qu'on sabre le champagne !

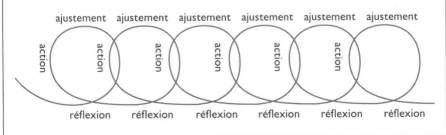

- Les croyances sur lesquelles repose l'implantation d'un processus de CG sont celles qui, comme dans une descente de rapides, permettent au pilote de l'embarcation de garder le cap ! Les voici :

    - Chez tout individu et dans toute organisation, quelque chose fonctionne bien !
    - Nous avons le choix de tourner notre attention vers les problèmes ou vers les solutions.
    - À travers nos échanges, la réalité est systématiquement coconstruite de façon répétée.
    - Les questions que nous posons focalisent l'attention des autres et ont ainsi un pouvoir génératif.
    - Les images attrayantes du futur favorisent naturellement l'action et la collaboration entre les gens.
    - Les gens sont plus disposés à voyager vers un futur inconnu lorsqu'ils peuvent miser sur les meilleurs éléments de leur passé connu.

- L'essence de l'organisation est le terreau dans lequel s'implanteront les racines d'un processus de CG durable.

- Les quatre étapes d'une intervention de développement organisationnel selon le paradigme appréciatif sont :
    1. Apprécier
    2. Rêver
    3. Décider
    4. Innover

- Les idées issues de ce processus en quatre étapes sont soumises à une boucle itérative :
    - Action
    - Réflexion
    - Ajustement

- Quelles sont les croyances inhérentes à la CG qui sont déjà vôtres? Comment transparaissent-elles dans vos comportements?

- Comment pensez-vous développer les autres croyances sur lesquelles repose la CG?

- Quelles sont les grandes étapes du développement organisationnel selon le paradigme appréciatif?

- Que pouvez-vous faire, concrètement, pour susciter davantage d'appréciation dans votre organisation?

- Est-ce que le simple fait de changer certaines de vos attitudes pourrait déjà faire une différence?

- Qu'est-ce que la question d'échelle?

- Pourquoi poser la question d'échelle?

- Qu'est-ce que la question miracle?

- Pourquoi poser la question miracle?

- Pourquoi poser la question « Quoi d'autre? »

16 Voir les travaux de Steve de Shazer sur les questions miracles, les prérencontres et les échelles.

17 Voir le chapitre 3.

18 Plus particulièrement aux niveaux des capacités et stratégies, des comportements et de l'environnement.

19 Voir le chapitre 6.

20 Voir le chapitre 3.

**Ne vous contentez
pas de faire, soyez là ! »**

BOUDDHA

La meilleure façon de conclure notre rencontre, c'est encore de vous demander ce que vous en avez retiré?

- Avez-vous déjà commencé à exercer votre rôle de leader du processus de collaboration générative?
- Les leaders ont-ils été clairement identifiés dans votre organisation?
- Les discussions sont-elles déjà plus constructives et orientées vers les solutions qu'auparavant?
- Est-il devenu plus payant d'être altruiste qu'égoïste dans votre équipe?
- Vos coéquipiers parlent-ils davantage de leur responsabilité quant à la réalisation de la vision d'équipe que des problèmes qu'ils perçoivent?
- L'identité des collaborateurs est-elle clairement reliée à la raison d'être du projet, de l'équipe, de l'organisation?
- Les gens posent-ils plus de questions sur les ressources des autres qu'auparavant?
- Les gestionnaires ont-ils moins tendance à donner des ordres et à croire que la peur est une bonne façon de motiver les gens à performer?
- Vos collaborateurs développent-ils leur intelligence collective en apprenant ensemble?
- Les images du futur stimulent-elles vos collègues?
- Les équipes célèbrent-elles leurs succès en s'assurant d'apprendre continuellement de leurs bons coups?
- Les gens partagent-ils l'information par le dialogue en tentant sincèrement de faire émerger le meilleur des autres?
- Les leaders et les gestionnaires alimentent-ils la culture de collaboration générative?
- Votre organisation innove-t-elle d'une façon nettement plus spectaculaire qu'avant? L'innovation continue redéfinit-elle en toile de fond les processus d'affaires de votre organisation de façon progressive et continue?

Si oui, félicitations! Le processus de collaboration générative est bien implanté!

Sinon, ne vous découragez pas et souvenez-vous qu'il faut ralentir pour aller plus vite! La seule lecture de ce livre, il faut en convenir, pourrait ne pas suffire à implanter spontanément une culture de collaboration générative. Qu'à cela ne tienne, il existe une multitude d'ouvrages complémentaires susceptibles de vous aider en ce sens. Sans compter que vous pouvez toujours faire appel à des experts de l'extérieur pour vous soutenir dans la promotion et l'instauration d'une telle démarche au sein de votre organisation.

Les trois conditions essentielles de la CG:

1. Sécurité
2. Autonomie
3. Altruisme plus payant que l'égoïsme

Les piliers de la supervision dans un contexte de CG:

1. Inclure les travailleurs avec souplesse: une règle d'équité entre tous.
2. Donner un pouvoir réel aux participants par le dialogue: faire ressortir les histoires de succès.
3. Exercer un leadership «de terrain».
4. Assurer un suivi.

Les obstacles à la CG:

- La compétition
- L'absence de collaboration
- La collaboration «tout court»

Les six visages du leader flexible:

1. il navigue entre les six paradoxes de l'innovation;
2. il possède de l'acuité sensorielle et va dans le «modèle du monde» des autres;
3. il génère une créativité abrasive;
4. il fait preuve d'agilité créative;
5. il prend des décisions intégratives;
6. il est authentique et bienveillant.

Les quatre modèles que le leader garde vivants dans son esprit:

1. Les engrenages du moteur de l'innovation: créativité abrasive, agilité créative et résolution intégrative

2. Les positions relationnelles de l'AT
3. La grille du temps et de l'espace
4. Les positions perceptuelles

La communauté innovante est à la jonction de:

- la raison d'être;
- les valeurs partagées;
- les règles d'engagement.

Les questions qui permettent de clarifier un but commun:

- Que voulons-nous?
- En quoi est-ce important pour nous?
- À quoi saurons-nous que nous avons atteint notre objectif?
- Qu'est-ce qui nous aidera à atteindre notre objectif?
- Quels sont les avantages et les inconvénients à atteindre notre objectif?
- Si nous ne faisons rien, qu'est-ce qui se produira?
- Quelles seront les étapes à suivre?
- Quelles actions pouvons-nous entreprendre dès aujourd'hui?

Les questions percutantes qui contribuent à guider le processus combinent les niveaux logiques, les dimensions temporelles et les positions perceptuelles.

Les principes de l'investigation appréciative

- Héliotropisme
- Constructivisme social
- Participation dynamique

Les quatre étapes de l'investigation appréciative :

1. Apprécier et valoriser le meilleur de ce qui est.
2. Rêver ! Coconstruire une vision de ce qui pourrait être.
3. Le design : permettre un dialogue sur ce qui devrait être..
4. Amener à la création de ce qui sera : échéancier, partage des responsabilités et suivi.

Les trois étapes itératives de l'implantation de nouvelles idées :

1. Expérimentation
2. Réflexion
3. Ajustement

VERS UNE CULTURE DE LA COLLABORATION GÉNÉRATIVE ?

Un dernier mot au futur leader du processus.

Il n'est peut-être pas facile de devenir ce leader, mais ô combien satisfaisant ! Et le plaisir croît avec l'usage ! Quand vous serez sur le terrain, parmi vos coéquipiers, conscient d'être là pour partager, construire et réaliser ensemble une vision inspirante, vous aurez tôt fait de comprendre que votre rôle est somme toute accessoire. Les membres de l'équipe sont en fait les véritables responsables du processus !

En tant que leader, il serait contre-productif d'en prendre trop sur vos épaules. Vous n'êtes en fin de compte responsable que du suivi des suivis. Pour le reste, votre rôle se limite à être un outil facilitant, un canal conducteur favorisant l'établissement et le maintien du processus : contentez-vous de tenir le gouvernail de l'embarcation. D'ailleurs, pour ce faire, vous n'êtes même pas obligé d'être expert en lecture de rivières ! Car les ressources et les connaissances des rameurs recèlent toujours une force capable de venir à bout de tous les torrents !

Voilà, c'est dit !

Nous souhaitons vivement que la collaboration générative transforme votre lieu de travail, au point où vous monterez l'escalier quatre à quatre pour aller travailler le matin, dans un environnement maîtrisant les mécanismes d'innovation continue et de développement humain.

Extraire le meilleur des autres permet d'entrer en contact avec le meilleur de soi-même, simplement, graduellement, sans concours de performance !

LES AUTEURS

SÉBASTIEN BEAULIEU, PCC

Mentor et superviseur certifié en PNL et en Développement intégral, je me présente sous le titre de psychologue organisationnel et coach exécutif. Je me passionne depuis l'an 2000 pour le développement personnel et professionnel des gestionnaires et des équipes. Je forme les futurs leaders du processus de collaboration générative afin que l'équipe implante elle-même les mécanismes d'innovation continue.

Ayant piloté plusieurs mandats d'envergure, j'ai une expérience terrain des concepts présentés dans ce livre. Je m'intègre au cœur des processus d'affaires et facilite l'innovation à partir des besoins réels et concrets des équipiers.

J'accompagne la Caisse de Dépôt et Placement du Québec, Juste pour Rire, Bell, le Mouvement Desjardins, Hydro-Québec, Bombardier, Métro et Gesca.

www.beaulieupsy.com

LUC-ANTOINE MALO, B. SC. SOC.

Ancien travailleur social, maintenant coach d'affaires chevronné et enseignant certifié en PNL, je me passionne pour les processus d'apprentissage, de changement et de réalisation personnels et professionnels depuis 1990. J'œuvre depuis plus de douze ans au sein de différentes équipes et auprès de nombreux gestionnaires. Parmi mes clients figurent Hydro Québec, Le Mouvement Desjardins, Bouchon Mac, Plastube, Groupe TVA, Hexavest et Dieu du Ciel.

Je vis la collaboration générative de l'intérieur à travers un partenariat d'affaires inspirant dans Maespro – Management et coaching aux entreprises. Notre défi quotidien est d'accompagner les organisations dans la gestion de leurs enjeux d'affaires.

En 2012, j'ai publié dans la collection Comment, chez le même éditeur, *Coacher* à l'intention des professionnels et de toute autre personne ayant à accompagner une équipe, un groupe ou un employé.

coach@lucantoinemalo.com

Liste des illustrations et encadrés

Liste des synthèses
et des questions d'intégration

Fidéliser ses employés, Lucie Morin

Gérer le personnel, 2e édition, Isabelle Bédard

Le savoir-dire en affaires, Nicole Simard

Libérer sa passion, Lyse Mérineau

Mieux écouter pour se réaliser, Lise Christophe Laverdière

Ralentir pour réussir, 2e édition, David Bernard

Vivre en forme sans violence, Claudie Pfeifer

Cet ouvrage, composé en Chantilly,
a été achevé d'imprimer le 7 septembre 2016
sur les presses de HLN à Sherbrooke, Québec,
pour le compte d'Isabelle Quentin éditeur